法藏知津

二編：佛教思想研究專輯

杜潔祥 主編

第 **21** 冊

憨山自性禪思想之理論基礎與核心論題（下）

陳松柏 著

花木蘭文化出版社

國家圖書館出版品預行編目資料

憨山自性禪思想之理論基礎與核心論題（下）／陳松柏 著 ──
初版 ── 新北市：花木蘭文化出版社，2015〔民 104〕
目 6+152 面：19×26 公分
（法藏知津二編：佛教思想研究專輯　第 21 冊）
ISBN：978-986-322-043-5（精裝）
1.（明）釋德清　2.學術思想　3.禪宗
030.8　　　　　　　　　　　　　　　　　　101015398

ISBN-978-986-322-043-5

法藏知津二編：佛教思想研究專輯
第二一冊　　　　　　　　　　　ISBN：978-986-322-043-5

憨山自性禪思想之理論基礎與核心論題（下）

作　　者　陳松柏
主　　編　杜潔祥
副總編輯　楊嘉樂
編　　輯　許郁翎
出　　版　花木蘭文化出版社
社　　長　高小娟
聯絡地址　235 新北市中和區中安街七二號十三樓
　　　　　電話：02-2923-1455／傳眞：02-2923-1452
網　　址　http://www.huamulan.tw 信箱 hml 810518@gmail.com
印　　刷　普羅文化出版廣告事業
初　　版　2015 年 5 月
定　　價　二編 24 冊（精裝）新台幣 40,000 元

憨山自性禪思想之理論基礎與核心論題（下）

陳松柏　著

目次

第六章　憨山自性禪學的工夫論基礎與核心論題

通過第五章的論述，我們已經勾勒出憨山自性禪學之本體論，在理論基礎以及動向發展的多元內涵。而承續前言，憨山本體論之發展，必終極地指涉到見性成佛的實現；然而，一入手就擒住自性本體，以見性成佛為終極徼向，這在禪宗傳統來看，固然十分精彩有力，但在知性理路上的考慮，卻很難如此。

何以故？因為，正如我們在提挈憨山自性禪學方法論時，所提到的「即本體即工夫」一般，在憨山禪學中，本體論並不是孤起的存在，如無工夫論的點潤，本體論根本不可能獨立存有。而且，如果我們漠視了憨山的工夫論，僅僅純依於理論概念來測量憨山的自性本體，也是一種抹殺其禪學的行動。甚至，更實際地說，如果沒有工夫論的實踐成份，則憨山禪學本體論所指涉的自性成佛，也都將空無所指，而全部淪失其意義。所以，為了貫徹憨山「即本體即工夫」的禪學立場，並為其本體論型塑一種動態之實踐義涵，我們將緊跟著將論題跨接到工夫論，豁顯憨山自性禪學之完整義涵。

而正如本體論一般，處理憨山之工夫論原始文獻，也將面臨著一些粗雜而不完整的零散論點，坦白說，憨山禪學之工夫論，比本體論更缺乏足夠形成系統的理論組織。但是，一樣基於本論文的學術取向，筆者將再度試著從憨山之工夫論特質裡，通過傳統佛教工夫論的穿針引線，架構出憨山禪學底層向來闇昧不明之工夫論基礎。這一工作，將在本章第一節當中，透過「憨山自性禪學之工夫論基礎」的闡述，加以完成。其次，在第二節的論述裡，

我們將特別針對工夫論當中幾個基要之「核心論題」，進行深入的剖視，希望
這對於彰顯憨山自性禪學之工夫論，亦能提供正面有益的幫助。

依此安排，本文的進行，即首先從第一節部份開始。

第一節　憨山自性禪學之工夫論基礎

憨山在〈示鄧司直〉文中，曾說：

> 修行必以般若爲本。般若，梵語，華言智慧。以此智慧乃吾人本有
> 之佛性，又云自心，又云自性。此體本來無染，故曰清淨；本來不
> 昧，故曰光明；本來廣大包容，故曰虛空；本來無妄，故曰一眞；
> 本來不動不變，故曰眞如，又曰如如；本來圓滿、無所不照，故曰
> 圓覺；本來寂滅，故曰涅槃。此在諸佛圓證，故稱爲大覺，又曰菩
> 提。諸佛用之，故爲神通妙用，菩薩修之，名爲妙行。二乘得之，
> 名爲解脫。凡夫迷之，則爲妄想業識。〔註1〕

此處，憨山對於「般若」一詞，一方面直以「自心」、「自性」名之。一方面又
藉「清淨」、「光明」、「虛空」、「一眞」、「眞如」、「如如」、「圓覺」、「涅槃」諸
語形容它。由此便可看出：「般若」之涵義，絕不僅於「華言智慧」如此之單純。
而接著憨山又指出：佛菩薩聖者因爲證悟了自心自性，故而能起一切妙用妙行；
凡夫之所以不能，皆係由於迷闇心性、般若成了「妄想業識」所致。

憨山這一段文字，至少提供了兩種理解「自心自性」的途徑，一是從自
性本體進入，一是從實際之觀照工夫進入。而在憨山的自性禪論述中，這兩
種途徑往往又是靈活運用、融合無間的。且正如進行前一章時本文所遭遇的
困難一樣，憨山自性禪學的工夫論論點，實際上多爲支離零散之作，並無周
嚴之系統專論可循。因此，本章的詮釋重心，乃轉由其禪學論述之工夫背境，
進行根源性的考察，期望亦藉此工夫論之溯本歸源，重新賦予憨山自性禪學
之工夫論以完整周全的詮釋網絡。

（一）憨山自性禪學之工夫論特質

首先，我們可以從憨山著述中出現頻率最多之工夫見地部份，歸納成底
下四項工夫論特質，爲加強說明效果，每項均例列相關文證說明之：

〔註 1〕《憨山大師全集》卷一〈示鄧司直〉，嘉興大藏經廿二冊，頁 397。

1、境隨心轉之心境說

〈示優婆塞王伯選〉曰：

> 古人多稱塵勞中人，有志向上、求出生死，謂之火裡生蓮，以其真
> 難得也。以一切眾生無量劫來，耽溺五欲，而為煩惱火燒，日夜熾
> 然，未曾一念迴光、暫得清涼。直至如今，能於烈燄聚中，猛地回
> 頭，頓思出路，豈非蓮華生於火內！……老人憐之，為授五戒，開
> 示念佛法門，專心淨土。然此淨土，豈從外得耶？經（《維摩詰經》）
> 云心淨則佛土淨，以吾人自心是佛，唯心是土。淨穢不二、心佛一
> 如。如是觀察，作如是念。念念薰修，一心清淨、光明煥發，十方
> 佛土皎然在前，又何勞十萬億外別求妙麗乎？古德云生則決定生，
> 去則實不去；若達此旨，則日用塵勞，頭頭淨土、念念彌陀，不出
> 娑婆，頓生安養矣。〔註2〕

此處憨山是以「境隨心轉」的工夫論模式，將塵勞煩惱轉化成菩提智慧，並
以「一心清淨」轉化出國土之清淨。憨山在這種工夫論當中，很強調「唯心」
的地位，而此唯心又極具於般若空觀的任運、妙運之特性，故能「境隨心轉」、
無入而不自得。

2、本體與工夫之「體用不二」

〈示舒中安禪人住山〉文曰：

> 夫道不在山，而居山必先見道，見山忘道，山即障根；見道忘山，
> 觸目隨緣，無非是道。此古德名言，永嘉之諦訓也。子今志欲居山，
> 是見道而後居耶？是居之而後見道耶？若見道而後居，居則有住，
> 住則道非真道。若欲居山而後見道，道本無住，住則道不在山也。
> 子將以何為道？而又何所居也？子徒以山為山，殊不知日用現前、
> 身心境界皆山也。〔註3〕

這段文字，重點在於說明實證本體之後（所謂「見道」），則「道」將無處不
在，「觸目隨緣，無非是道」，即所謂「體用不二」是也。此種「體用不二」
的工夫論特質，是以回歸自性為實踐的核心，而且，它是真實不妄的。〔註4〕

〔註2〕　《憨山老人夢遊全集》卷二〈示優婆塞王伯選〉，嘉興大藏經廿二冊，頁747。
〔註3〕　《憨山大師全集》卷一〈示舒中安禪人住山〉，嘉興大藏經廿二冊，頁393。
〔註4〕　參見杜松柏〈禪宗的體用研究〉文：「禪宗言心言性，所顯示的本體歸於一致，
　　　　且係以頓悟的正確方法而入道獲致，自係正確而無誤無偏。故而由體起用、
　　　　體用不二。則其論用，亦必無誤無偏了。哲學家的言體用，多出自思議推論，

憨山之〈性箴〉又謂：

> 爾體圓明，爾形精奧。不動不遷，無相無貌。如水之濕，如火之燥，
> 萬化不移，名言不倒。去住來今、閒忙靜躁，卓爾獨存，是名真道。
>
> 〔註5〕

自性本體是「不動不遷，無相無貌」的，即使側身「去住來今、閒忙靜躁」之叢脞萬法當中，自性依舊「卓爾獨存」。〈性箴〉可看出憨山體用一致說之工夫論特質。

3、「定」學、「慧」學之並重

這個特質，是憨山著述中最常見的工夫論模式。所謂「定」是指「止」的工夫，意謂止息分別思慮、不執不惑的定境；「慧」則是指依於自性本體的般若觀照，乃依體起用之「觀」。而在憨山慣用之工夫論陳述中，既非先定後慧，也不是先慧後定，憨山主張的是定慧同時。例如，〈示曹士居〉文曰：

> 凡民日用，不離見聞覺知，而聖人亦然。其用既同，而有聖凡之別
> 者，在知與不知之間耳。故曰：百姓日用而不知。學人復聖工夫，
> 只在日用不知處，求其固有之知。若見本有之知，則一切聲色貨利，
> 了然不被所惑。如是遇境逢緣、如鏡現像，無一物可動於中矣。此
> 入道之要門也。〔註6〕

在「了然不被所惑」、「無一物可動於中」之定境當中，即體即用，同時生起「見本有之知」的觀慧。而且，一切的「見聞覺知」、「行住坐臥」，都貫徹了這種定慧等持的觀行。所以，定慧並重。是憨山工夫論的一大特點。

4、強調「話頭」之參究

憨山除了上述三種工夫論特質外，另外又有一項相當常見的修行方式，即「參」話頭。如〈示體具禪人〉曰：

> 趙州無字死生關，鐵壁銀山冷眼看；但向未生前覷破，自然不被舌
> 頭謾〔註7〕。

「趙州無字死生關」即指趙州和尚之「無」字公案，「但向未生前覷破」則是指

而所言之本體又人言人殊、人各異道；苟如其所言，將道為天下裂，無所依從了。宋五子的不同道，朱陸的是非相攻，其故在此。所以，禪宗所建立的體用觀，應是真實不妄的。」語見《中華佛學學報》第1期，頁242～243。

〔註5〕《憨山大師全集》卷十一〈性箴〉，嘉興大藏經廿二冊，頁593。
〔註6〕《憨山大師全集》卷三〈示曹士居〉，嘉興大藏經廿二冊，頁412。
〔註7〕《憨山大師全集》卷廿二〈示體具禪人〉，嘉興大藏經廿二冊，頁604。

參此話頭，可以睹見吾人本來面目（亦即自性）。又〈寄示曹溪禪堂諸弟子〉曰：

> 當遵六祖開示慧明不思善、不思惡，如何是當下本來面目。公案蘊在胸中，時時參究，久之，自有發明時節。[註8]

也是將惠能的「不思善、不思惡，如何是當下本來面目」一語，當成話頭「時時參究」，目的也是一樣，爲了取證自性，最後達到見性成佛的目標。

上述四項特質，是憨山自性禪當中最矚目的四個工夫論特質。也是憨山實證自性的行動當中，最容易被吾人所擷取認知的工夫模式。只是，四者在憨山著述裡面，均往往只是信手隨拈，不具系統；而憨山又不曾爲其工夫論專文著述、貞定任何的工夫論架構。底下，本文基於論述之需要，將嘗試依分別說的角度，重新還原憨山工夫論的基礎，以期朗現憨山自性禪學工夫之原貌。

（二）憨山自性禪學之工夫論架構

於是，在形構憨山禪學之工夫論基礎上，我們就可以分從四個部份進行解讀，一是《維摩詰所說經》（底下均簡稱《維摩經》）之「頓教不二法門」，二爲僧肇《肇論》的工夫論，三是惠能之「無念、無住、無相」工夫與定慧等持，四則是大慧宗杲的「看話禪」。筆者以爲這四者，一方面可以圓滿涵括憨山自性禪學之工夫論見解，一方面亦可與其禪學的本體論相互攝持結合，成爲吾人理解憨山禪學核心的重要依據。

爲何選擇《維摩經》來架構憨山之禪學工夫？本文根據的理由有四點：第一、本經與龍樹般若空觀可以相互承續，而且它所契證之境界乃無師不在、無入不自得的空性境界，憨山對此均有十分深刻的體驗。憨山有名的〈貝葉佛母贊〉，如果不從神蹟的層面去思考，則其工夫見地是源自於這樣的空性境界。第二、《維摩經》強調般若的實踐，必須要能回轉於俗諦世間以即俗見眞，所以它有「煩惱即菩提」的洞見。此一洞見，則充份應證於憨山大部份的著作之中，甚至，憨山中年時期的流戍歲月，也是「煩惱即菩提」的一種工夫實踐。第三、憨山在晚明禪淨融會潮流當中，與蓮池之淨土法門的實踐工夫產生歧異（請參見前文），主要是因爲他深受《維摩經》「心淨國土淨」的影響。而「心淨國土淨」的精神，與憨山憑藉般若之生命實感以觀照現前一念的禪行工夫，其實亦是一致的。第四、《維摩經》之主題乃在豁顯掃言歸默之不二境界，此與憨山反對知見求解、繞路說禪，強調實修實證的禪學性格，

[註8]　《憨山老人夢遊全集》卷二〈寄示曹溪禪堂諸弟子〉，嘉興大藏經廿二冊，頁749。

是彼此符應的。所以，基於這四點考量，《維摩經》可視爲憨山自性禪學工夫論之後設動源。

其次，何以要透過《肇論》來凸顯憨山之工夫論。原因如下：第一、僧肇在〈不眞空論〉中，將「不動本際，爲諸法立處」體會爲一種「立處即眞」、「觸事而眞」的活動義，此一空有圓融、智境相契的工夫模式，正是發展憨山「有志於道者，當從日用中做」此一圓融禪行的主要依據。第二、在〈物不遷論〉裡，僧肇以「物」之剎那變異，說明在過去、現在、未來之動態時間發展中，不存在「物」的同一性，所謂「事各性住於一世」是。而憨山昔讀〈物不遷論〉，因梵志「吾似昔人非昔人」語，澈悟「諸法本無去來」之體用一如眞諦，〔註9〕即是憑恃於這種「性住於一世」之緣起觀照。所以，〈物不遷論〉的體用一如、乃至即動即靜之工夫模式，對於憨山禪學確有極爲相應的涵攝性。第三、在僧肇看來，〈般若無知論〉之工夫模式即是：破斥執取名相、概念的「惑取之知」，肯定無形相、無概念、無執取的「般若之知」。此一基本的工夫模式，則正好具現於憨山呵彈知見障礙，主張操修實證的禪行風格上。因此，運用《肇論》以闡示憨山自性禪學之工夫論，是十分貼切的進路。

另外，本章亦借用以惠能的三無工夫與定慧等持，基本的考量則是傳統之禪家思路。因爲自從神會南宗以來，惠能的思想便一直左右著中國禪學的脈動，雖然在憨山當時，一花五葉盛況早已不再、原來六祖之曹溪祖庭亦日見凋敝荒涼。但《六祖法寶壇經》卻仍然爲禪門的普遍讀物。而且，對於一個曾立志恢復曹溪祖庭如憨山者而言，惠能的影響力更是絕對性的。本章在這個部份，便將通過惠能「無相」、「無住」、「無念」之考察，以及「定慧均等」的說明，希圖建立一個能夠圓融解讀憨山自性禪學工夫論的通路。

最後，本章是安排以大慧宗杲的「看話禪」，做爲透視憨山工夫論之根據。宗杲是一個民族主義色彩濃烈的愛國禪僧，楊惠南先生稱其禪學乃是一種「強調不妨礙世俗生活，而且簡單易行」的禪法，而其特色即在於通過公案（主要是法演的「無」字公案）的參究，以臻至如同淨土持名念佛所達到的「一心不亂」目的。〔註10〕而楊白衣則以爲宗杲看話禪之本質，乃係儒家的「仁

〔註 9〕見本文附錄之「青年時期」的敘述。

〔註10〕楊惠南先生〈看話禪與南宋主戰派之間的交涉〉文曰：「他（宗杲）所開展出來的看話禪，乃是一種強調不妨礙世俗生活，而且簡單易行的禪法。這種禪法的主要特色，是在採取古人所遺留下來的「現成公案」（例如「無」字公案），做爲教導弟子們的方便。像這種參究古人現成公案的禪法，和當時

義禮智信」之「學」，以及「格物忠恕」之「道」的結合；宗杲之禪風即是「有主體性、個性、積極性、倫理性的禪風」。〔註11〕憨山當時之晚明禪家，看話禪已儼然成為工夫實踐之普遍共法。所以，扣緊大慧宗杲的「看話禪」，憨山自性禪之工夫論真義，也就可以隨之掌握。

順著以上的構想，底下本文之進行，便首先由《維摩經》的頓教不二法門開始。

一、《維摩經》之頓教不二法門

憨山在〈化生儀軌〉中，對《維摩經》有如此之敘述：

> 佛說維摩一經，以淨名居士示現處俗，有妻子眷屬，假托問疾因緣，與文殊對談不二法門，以呵斥二乘，激發入俗度生之心。其教名為彈偏斥小、歎大褒圓，為不思議法門，以祛二乘狹劣之見。此乃吾佛深慈大悲，為小根人種種方便權巧，引入大乘之意也。〔註12〕

憨山將《維摩經》之不二法門，視如呵彈小乘、「引入大乘」的不思議法門，並以「入俗度生」、「歎大褒圓」理解不二境界。由此細予尋思，不難得知憨山偏重迴小向大、二諦圓融的詮釋風格。為了進一步廓清其原奧，底下本文的進行，擬重新回歸於《維摩經》般若「空」觀、逐步徵驗以「煩惱即菩提」、「心淨國土淨」以及「言說與默示」之理，希望藉此豁顯憨山自性禪工夫論的基礎。

（一）《維摩經》之般若「空」觀

在天台智顗的判教系統中，《維摩經》被納入方等時的範疇內。但事實上，憨山理解本經的立場，仍是透過空宗的思路而展開的，其實質的蘊涵，亦以禪修的實際體驗和解悟為主。所以，與其視它為方等時的經典，不如直接取其不二的頓教意義。唐代華嚴祖師賢首法藏於《華嚴一乘教義分齊章》卷二曾謂：

流行的淨土宗口唸「南無阿彌陀佛」，並沒有本質上的差別。淨土宗以一句佛號，試圖阻斷人們紛亂的思緒，以達到「一心不亂」的目的；而看話禪則是以古人的現成公案，試圖杜絕禪者雜沓的念頭，以臻於「明心見性」的禪境。二者手段儘管有異，目的卻是相同。」語見《中華佛學學報》第7期，頁209。

〔註11〕楊白衣〈看話禪之研究〉文曰：大慧禪的本質，是以儒家的「仁義禮智信」之「學」，加以「格物忠恕」之「道」，而主張「性即道」的。……這一宗教熱誠，演成主戰論者的救國佛教，而開拓了有主體性、個性、積極性、倫理性的禪風。（語見《華岡佛學學報》第4期，頁21）

〔註12〕《憨山大師全集》卷卅二〈化生儀軌〉，頁657。

> 頓者，言說頓絕，理性頓顯，解行頓成。……以一切法本來自正，
>
> 不待言說，不待觀智，如《淨名》以默顯不二。〔註13〕

由此不難得知法藏將本經的義理核心「不二法門」，理解之爲頓教，原是順著本經般若的路向而領會；而事實亦證明依此基本定向確可見出《維摩經》的全幅輪廓。

前述龍樹自性思想嘗提及，凡是需要通過條件因緣的聚集縮結才能存在的，站在真理實相立場觀之，它們都沒有絕對的自性；而這也正是龍樹所亟欲揮斥的，龍樹說「眾因緣生法，我說即是空」，〔註14〕便是順著自性絕待的語脈，所進行的抉斷。《維摩經》義理之表達，也是承此「空」的脈絡展開，例如〈觀眾生品〉中，有一則尊者舍利弗與天女的對話，就運用了文學性的描寫生動地傳達「空」的思想：

> 舍利弗言：「汝何以不轉女身？」天曰：「我從十二年來，求女人相
>
> 不可得，當何所轉？譬如幻師化作幻女；若有人問，何以不轉女身，
>
> 是人爲正問否？」舍利弗言：「否也。幻無定相，當何所轉？」天曰：
>
> 「一切諸法，亦復如是，無有定相。云何乃問不轉女身！」

即時天女以神通力，變舍利弗令如天女，天自化身如舍利弗。而問言：「何以不轉女身？」舍利弗以天女像而答言：「我今不知何轉而變爲女身！」天曰：「舍利弗，若能轉此女身，則一切女人亦當能轉。如舍利弗非女而現女身，一切女人亦復如是，雖現女身而非女也。是故佛說一切佛法，非男非女。」

> 即是天女還攝神力，舍利弗身還復如故。天問舍利弗：「女身色相，今何所在？」舍利弗言：「女身色相，無在無不在。」天曰：「一切諸法，亦復如是，無在無不在。夫無在無不在，佛所說也。」〔註15〕

對話之中，天女對「女身」作了戲劇性的變化轉易，用意不在撥弄神通，而是希望藉此發掘出諸法無自性而「幻無定相」的真諦，並順勢轉出般若空「無在無不在」的無執超越性格。而實際上，亦唯有在個體心靈不受任何概念知性黏滯的情況下，這種性格才能真正被體現。關於這一點，我們在《維摩經》內，隨處皆可汲取印證，其中，「天女散華」一喻，尤屬犖犖大者，〈觀眾生品〉謂：

〔註13〕《華嚴一乘教義分齊章》卷二，嘉興大藏經第五冊，頁562。

〔註14〕《中論》卷四，磧砂大藏經第十六冊，頁59。

〔註15〕底下引文見嘉興大藏經第九冊《維摩詰所說經》（姚秦鳩摩羅什譯本），頁331。

時維摩詰室，有一天女，見諸天人聞所說法，便現其身，即以天華
散諸菩薩、大弟子上。華至諸菩薩，即皆墮落；至大弟子，便著不
墮，一切弟子神力去華，不能令去。爾時天問舍利弗：「何故去華？」
答曰：「此華不如法，是以去之。」天曰：「勿謂此華爲不如法。所
以者何？是華無所分別，仁者自生分別想耳。若於佛法出家，有所
分別，爲不如法；若無所分別，是則如法。」〔註16〕

對於天華的供養，可以因爲個體心靈的是否執著，而決定出兩種截然不同的
態度。舍利弗等人，由於受到心思分別執著的拘蔽，無法跨升到菩薩們「無
所分別」的境界，因此天華的供養，對他們來說，不僅不是一椿雅事，甚且
成爲一個既難纏又窘困的問題，所謂「一切弟子神力去華，不能令去」者，
明白托顯出這些大弟子們無法面對、又不知如何化解的窘態（這些情形，在
不起分別想的菩薩身上，自然不會發生）。

　　這些示例，很明顯地傳送一種訊息，那就是：障礙著我們進入空性世界
的最大阻力，原非來自外面，因爲最大的阻力，正來自於我們心靈的沉滯與
執著。這同樣的原理，具見於憨山〈貝葉佛母贊〉中：

佛體如空，無處不容，牆壁瓦礫，達之者通。秋水澂澂、朝霞燦燦，
影落波心、光浮繁練，識之不見，見之不識。瞖目空華、太虛鳥跡。
貝葉無文，法身非有，萬壑松聲，作獅子吼。碧眼鬝腮，維摩病骨，
漏逗形骸，分明眉目。〔註17〕

一個能見「佛體如空」的行者，不論行住坐臥、有情無情，都是「分明眉目」、
明心見性的。所謂「貝葉無文，法身非有，萬壑松聲，作獅子吼」，正說明見
性者無師不在、無入而不自得的觀照妙境。

　　（二）煩惱即菩提

　　當然，《維摩經》所提示的意義，也絕不是一種靜穆的觀照，般若思想的
實際活動，必然要回到現行世界裡，以「煩惱即菩提」的姿態，來兌現其對
人間的肯定與關懷。本經〈文殊師利問疾品〉曰：

維摩詰言：以一切眾生病，是故我病。若一切眾生得不病者，則我
病滅。所以者何？菩薩爲眾生故，入生死；有生死，則有病。〔註18〕

〔註16〕嘉興大藏經第九冊《維摩詰所說經》，頁331。
〔註17〕《憨山大師全集》卷十九〈貝葉佛母贊〉，嘉興大藏經第廿二冊，頁571。
〔註18〕嘉興大藏經第九冊《維摩詰所說經》，頁329。

又〈佛道品〉謂：

> 一切煩惱爲如來種。譬如不下巨海，不能得無價寶珠，如是不入煩
> 惱大海，則不能得一切智寶。〔註19〕

菩薩之所以生病、入於生死，眞正的原因，是在於大悲心，所謂「菩薩爲眾
生故，入生死」者是；隨此義理之深化，可以推知的是：般若的觀照與悲心
的共同彰顯，實質上便是「煩惱即菩提」一義背後的實踐動源與圓融範式。
順此範式以觀，則「煩惱即菩提」當不僅只是一空性的活動，亦且富含著般
若獨特的道德關懷。而這一理念，正足以構成「一切煩惱爲如來種」的根本
體驗型態。日人鎌田茂雄《沉默的教義——維摩經》一書中，便曾說：

> 《維摩經》能將大乘佛教的根本原理，很明白地表現出來；這個根
> 本原理，也就是「煩惱即菩提」，在《維摩經》裡稱之爲「不二法
> 門」。……就《維摩經》的不二觀來說，它是以現實爲前提，從人生
> 當中揀拾話題來討論的高層次世界觀。〔註20〕

可見《維摩經》「煩惱即菩提」的不二境界，不但正面成全了現行世界的意義，
而且也賦予「空」義更自由充沛的活動空間。所以，憨山〈苦熱行〉偈，便
如此微妙地道出眞俗二諦的弔詭圓融：

> 人世苦炎熱，余心何清涼；直以無可觸，故能安如常。〔註21〕

此詩寫於憨山遣戍嶺南之際，時憨山以弘法而蒙難，正可謂「人世苦炎熱」
者，然而他仍不廢失於弘渡悲願與般若智慧，因此能無所觸於煩惱，直顯自
性覺悟之菩提。其所謂「何清涼」、「安如常」，正是奠基於此一悲智雙運下的
必然觀行。

不過，單就「煩惱即菩提」表層的語言構造言，我們還是必須澄清一點，
那就是：「煩惱」與「菩提」兩者，仍不是一種平行的並列關係。究實言之，煩
惱終是煩惱、菩提亦終是菩提，兩者的意義範疇與價值層次，並不等同；它們
之間之所以能「即」，實際上是通過心靈的轉化而來。此處我們就必須對「心淨
國土淨」的原則有所洞察，方能在「煩惱即菩提」的理念中有如實的感應。

（三）心淨國土淨

關於這一點，《維摩經》〈佛國品〉中，有一段經文可以參考：

〔註19〕嘉興大藏經第九冊《維摩詰所說經》，頁333。
〔註20〕見該書P8～9。
〔註21〕《憨山大師全集》卷卅五〈苦熱行〉，嘉興大藏經，頁669。

> 舍利弗言：「我見此土，丘陵坑坎，荊棘砂礫，土石諸山，穢惡充滿。」
> 螺髻梵王言：「仁者心有高下，不依佛慧，故見此土爲不淨耳。舍利
> 弗！菩薩於一切眾生悉皆平等，深心清淨，依佛智慧，則能見此佛
> 土清淨。」於是佛以足指按地，即時三千大千世界，若干百千珍寶
> 嚴飾，譬如寶莊嚴佛，無量功德寶莊嚴土。一切大眾，歎未曾有，
> 而皆自見坐寶蓮華。〔註22〕

這裡所謂的「於一切眾生悉皆平等，深心清淨」，其實仍是安立在般若空慧的
觀照上立說。而螺髻梵王對舍利弗的批評，「心有高下，不依佛慧，故見此土
爲不淨」，則明顯還是對人類心靈內部的分別計執的揮斥。易言之，實際決定
外在世界清淨與否的最根本力量，仍繫屬於我們自己的心靈。如果我們企望
一個清淨的世界，首須進行的，便是先洗滌我們心靈中的黑暗與染污，跨越
原本囿限自己的思想和觀念。唯有如此，「佛土清淨」才是一個可完成而有意
義的境界。同樣的，「煩惱即菩提」所反映的義理，也要以般若的實際觀行，
作爲工夫之進路，才能有真實的體會。在本經〈弟子品〉，維摩詰有「不捨道
法而現凡夫事」及「雖成就一切法，而離諸法相」語，便是這一實諦精神的
體現。此在憨山自性禪學之中，即是觀照「現前」一念的工夫，在〈示新安
仰山本源覺禪人〉中，憨山言：

> 十法界聖凡因果，皆一心之影像。……若達唯心法門，則一切染淨
> 因果，皆即現前念念轉變。故曰心淨則佛土淨。〔註23〕

所有的四聖六凡境界，皆視若「一心之影像」；禪修工夫也自然以觀照現前一
念爲核心。憨山認爲心淨土淨的境界，仍純然須賴由現前生命的實感去領受
才可以，若單循於理論言說之路，並不容易觸及。如是，則又轉入《維摩經》
「言說與默示」的問題。在〈入不二法門品〉的經文中，維摩詰便以極直截
了當的態度，處理這個問題，其謂：

> 於是文殊師利問維摩詰：「我等各自說已，仁者當說，何等是菩薩入
> 不二法門？」時維摩詰默然無言。文殊師利歎曰：「善哉！善哉！乃
> 至無有文字語言，是眞入不二法門。」〔註24〕

〔註22〕嘉興大藏經第九冊《維摩詰所說經》，頁 323。
〔註23〕《憨山老人夢遊全集》卷五〈示新安仰山本源覺禪人〉，嘉興大藏經第廿二冊，
　　　頁 787。
〔註24〕嘉興大藏經第九冊《維摩詰所說經》，頁 336。

在維摩詰言，不二境界的呈現，原即是觀照心活動下的表達；根本上就不是一套理論或觀念能夠摹畫的，更何況在吾人心中，亦有許多理論、觀念無法說明的部份。因此，維摩詰寧可讓所有菩薩全部皆發言，亦不肯打破緘默。維摩詰的沉默，並不是停止了表達，反而這種沉默還是一個說明無限的沉默，所謂「一默一聲雷」；在空性的活動裡，這是很能相應般若生命內部自然要求的一種姿態。唐君毅於《中國哲學原論～導論篇》中曾說：

> 如《維摩經》言入不二法門，亦須先列諸菩薩於入不二法門之諸說既盡，然後有維摩詰之默然無言，以此見無言，即所以入不二法門者。〔註25〕

> 可見維摩詰之掃言歸默，本身也是一種不二義理的表達。透過此一默教，反倒更能單刀直入地契證空性、直取本心實相。〔註26〕而這與憨山反對憑藉知見繞路說禪、強調實修實證的禪學性格言，恰相符應。

歸納前述，吾人可清楚看出：憨山對於《維摩經》之義理掌握，無論就般若空觀言，或就煩惱、菩提之相即，乃至心淨土淨之見解言，都與其歸復本心自性的方向密切呼應。而維摩詰掃言歸默的實踐性格，亦充份見證於憨山強調現量修證的具體行動上。所以，《維摩經》的不二法門，在憨山自性禪學工夫論上言，確是舉足輕重的動源。

此外，依據憨山自述年譜云，《肇論》之「旋嵐偃嶽」旨，亦曾令青年憨山有數次開悟之經驗（見本文附錄第二節「青年時期」）。如是，則僧肇《肇論》中所寓含之工夫論，亦當為吾人所關心。底下，即試作《肇論》工夫論之剖析。

二、《肇論》之工夫論

僧肇（374～414）生當魏晉玄學盛行之世，又親炙於精通般若空宗的鳩摩羅什門下，故而其《肇論》具有濃厚之玄學與空宗色彩。值得一提的是：《肇論》是格義佛教時期，第一個以龍樹般若學綜觀六家七宗與魏晉玄學的系統之作。慧皎《高僧傳》卷六載，僧肇〈般若無知論〉文發表問世之後，乃師

〔註25〕見《導論篇》，頁216。
〔註26〕何曼盈〈維摩詰經之般若智慧〉也強調：「若要了悟實相世界，便不能依賴名言概念之說明闡析，只有透過實修實證，才能真正了悟實相。」語見鵝湖237號P14。

鳩摩羅什讀之，曾有「吾解不謝子，辭當相挹」之絕讚，[註27]而後起之嘉祥吉藏三論宗亦推崇僧肇、奉爲空宗正統，足證僧肇《肇論》確能把握龍樹般若思想之眞精神。底下，剋就《肇論》〈不眞空論〉、〈物不遷論〉、〈般若無知論〉之工夫論內涵，逐一臚述。

（一）統攝有無、智境相契的般若觀照

僧肇在〈不眞空論〉中，曾歸納魏晉以來談論般若學之六家七宗[註28]爲三派，即：心無宗、即色宗、本無宗，並作如下之評述：

> 心無者，無心於萬物，萬物未嘗無；此得在於神靜，失在於物虛。即色者，明色不自色，故雖色而非色也。夫言色者，但當色即色，豈待色色而後爲色哉？此直語色不自色，未領色之非色也。本無者，情尚於無，多觸言以賓無。故非有，有即無；非無，無即無。尋夫立文之本旨者，直以非有非眞有，非無非眞無耳；何必非有無？此有非無，無彼無此，直好無之談！豈謂順通事實、即物之情哉！[註29]

依據僧肇之分析，心無宗、即色宗、本無宗都各有所蔽而偏離於龍樹中觀，其說可整理如后：

第一、心無宗面對的主題，是以「心」與「萬物」的虛實關係爲中心，它主張「心無者，無心於萬物，萬物未嘗無」。足見心無宗目的在於跳離萬物的牽絆，觀吾人之心體爲虛，以求「神靜」；至於萬物，則概以現實存有視之。這是「空心不空色」的理論。僧肇認爲心無宗「得在於神靜，失在於物虛」，就是指出心無宗雖能以虛靜觀心，卻不能透視萬法緣起性空的本相。

第二、即色宗理論，是針對色法的空無自性而發揮，所謂「即色者，明色不自色，故雖色而非色也」。本來，如果依緣起性空角度來看，即色宗的主張確亦吻合緣起「空」之所指；然而，浮濫執守「眞空」的層面，完全漠視萬法「妙有」的實諦，對於「當色即色」的眞理未能顧及，

[註27] 梁慧皎《高僧傳》卷六，磧砂大藏經第卅冊，頁602。

[註28] 依李潤生《僧肇》第一、二章之歸納，六家七宗確可如僧肇說，分爲三組：一、主張「心無色有」：「空心不空色」，以「心無宗」爲代表。二、主張「色無心有」：「空色不空心」，以「即色宗」爲代表，兼攝「識含」、「幻化」、「緣會」。三、主張「心色俱無」：把一切回歸到宇宙的本體中去，以「本無宗」爲代表，兼攝「本無異宗」。

[註29] 《肇論》卷上〈不眞空論〉第二，嘉興大藏經廿冊，頁261。

此與龍樹空有圓融的中道精神，其實並不相應，故仍為僧肇所破。僧肇言「直語色不自色，未領色之非色」，正是立足在中道的觀照下，所作出的批判。

第三、本無宗的主要理論特色，即是「好無」，對於所知境的理解，不論有相、無相，一律將之歸入「無」的性空教義之中（所謂「多觸言以賓無。故非有，有即無；非無，無即無」是）。就龍樹自性空角度衡觀，雖亦有析法入空的「無」之涵義，卻不是童騃式地「有即無」與「無即無」、一昧拘溺以「無」。所以，僧肇批評本無宗未能「順通事實、即物之情」，它與般若中觀雙即雙遣、圓融眞俗二造的精神，還是有相當大的距離。

可見在僧肇的理解中，心無、即色、本無三宗對於現象萬法的看法，或執為有、或執為無，或歸入性空之「無」，都各有偏至，亦各有其弊端。在這樣的對照之下，〈不眞空論〉的題旨，便緊隨著僧肇之推論而浮現，僧肇曰：

> 然則萬法果有其所以不有，不可得而有；有其所以不無，不可得而無。何則？欲言其有，有非眞生；欲言其無，事象旣形。象形不即無。非眞非實有。然則不眞空義，顯於茲矣。〔註30〕

「象形不即無。非眞非實有」、統攝有無、雙非遮詮、否定二造而直趨中道，代表僧肇對於龍樹般若學的圓融體會，〔註31〕據慧達《肇論疏》言，僧肇此一「不眞空義」，原可作「理」、「事」兩種解釋：

> 此不眞空名，所作兩釋：一云世法不眞，體性自空；一云俗法浮偽，遣偽之空，亦非眞空，名不眞空。若以俗空名不眞者，般若之空，應名眞空。〔註32〕

就「理」上言，不眞空係指「世法『不眞』，體性自『空』」；〔註33〕就「事」上言，類如心無、即色、本無之遣偽俗法，不能契應於般若之「眞空」，故而破斥三宗之說，亦名不眞空。前者是從世諦之存有論範疇，言世間緣起法的

〔註30〕《肇論》卷上〈不眞空論〉第二，嘉興大藏經廿冊，頁262。

〔註31〕蔡纓勳《僧肇般若思想之研究──以「不眞空論」為主要依據》也認為：僧肇「不眞故空」，意謂一切萬法不眞，不眞故空。其實只是般若三論「緣起性空」，在語句上之轉換而已。（語見該文P164。）

〔註32〕見《卍續大藏經第一百五十冊》，頁858。

〔註33〕湯錫予認為〈不眞空論〉是談「體」之作，很明顯只從「理」的層面立言。詳見湯著《漢魏兩晉南北朝佛教史》第二分第十章，頁337。

不真實與自性空；後者則是就聖諦之般若真空，對照出三宗「遣偽之空」的不真空。〔註34〕而這「理」、「事」二種解釋的兩相鬥合，僧肇〈不真空〉之工夫論，便因之清晰可見：

> 故經云：甚奇世尊！不動本際，爲諸法立處。非離真而立處，立處即真也。然則道遠乎哉？觸事而真。聖遠乎哉？體之即神。〔註35〕

僧肇將「不動本際，爲諸法立處」體會爲一種「立處即真」、「觸事而真」的活動義，此實際上乃指出：人本來就活在無師不在的空性中，無論何時都隨處可即俗見真；般若之道原來就孳息於我們的生活四周。〔註36〕而且，僧肇亦認爲，般若工夫唯有透過二諦的圓融接會，其工夫之呈現才是有意義的，他連問「道遠乎哉」、「聖遠乎哉」二語，即表明此一般若的超越活動乃不離於現象萬法，〔註37〕境智相契。如此的工夫路數，在憨山著述中，可謂屢見不鮮，〈示歐嘉可〉文裡，憨山即曰：

> 語曰：人莫不飲食也，鮮能知味也。此言道在日用至近，而知之者希。古人謂除卻著衣吃飯，更無別事，是則古今兩間之內，被穿衣吃飯瞞昧者多矣。儻不爲其所瞞，則稱豪傑之士矣。學道之士，不必向外別求玄妙，苟於日用一切境界，不被所瞞。從著衣吃飯處，一眼看破，便是真實向上工夫。有志於道者，當從日用中做。〔註38〕

〔註34〕劉貴傑先生則以爲僧肇此一論見，乃是魏晉玄學關於本末（本末，係套用王弼『崇本息末』之本末義涵）看法的總結，語見劉貴傑先生〈僧肇思想之背景及其淵源〉，中華佛學學報第1期，頁116。

〔註35〕《肇論》卷上〈不真空論〉第二，嘉興大藏經廿冊，頁262。

〔註36〕祝平一〈從「肇論」「壇經」論大乘空宗、禪宗的神祕主義：兼論道默林對大乘禪宗神祕主義的構思〉一文，則指出道默林（Dumoulin）試圖通過神祕主義來闡述「悟」的問題，道默林認爲禪宗的開悟經驗並非來自經驗性的體證，經驗性的體證只有在一神論中「在精神性自我接觸到絕對者的領域時」，才能感覺到。這種看法，筆者並不認同，故本文未予引用。請參見鵝湖166號P30～35。

〔註37〕故而就僧肇思路言，現象萬法實乃與我爲一體者，筆者曾以僧肇此一體用問題求教於業師林顯庭先生，林師則以爲：僧肇之體用論，更精確地說，應是「即『用』顯體」之說；也就是說，僧肇雖可以體用一如說涵蓋之，但工夫之實際，卻是在「用」上面著手。劉貴傑先生〈僧肇思想之基礎〉文亦指出：「以僧肇言，不僅物物相異而互不相悖，且其最終乃是「物我俱一」、「物我同根」——主客冥合、不相妨礙之圓融境地。」這種主客冥合、不相妨礙之圓融境地，是透過般若在「用」上面之超越活動而完成的。劉語見《華岡佛學學報》第8期，頁333。

〔註38〕《憨山大師全集》卷一〈示歐嘉可〉，嘉興大藏經廿二冊，頁400。

「穿衣吃飯」，單就世諦言，原是日用生活中事，一般人往往就在這緣起序列之中沉浮庸碌一生。然而，在聖俗二諦圓融的層面上，經由般若眞空的觀照（「智」），此日用生活中事（「境」），卻可立即被轉化成「眞實向上工夫」的智境相契活動。是可知：「不眞」之日用一切境界，在般若觀行「觸事而眞」的活動底下，確可被賦予即俗見眞的實踐內涵。憨山所謂「有志於道者，當從日用中做」的圓融禪行，正是僧肇此一智境相契工夫的最好示例。

而前引憨山《年譜》言，萬曆二年憨山嘗有〈物不遷論〉之妙悟，此已涉入《肇論》不二相即之體用論，底下續依〈物不遷論〉觀之。

（二）即動即靜、不二相即之體用論

僧肇〈物不遷論〉卷頭語曰：

> 夫生死交謝、寒暑迭遷、有物流動，人之常情。余則謂之不然。何者？放光云：法無去來、無動轉者。尋夫不動之作，豈釋動以求靜，必求靜於諸動？必求靜於諸動，故雖動而常靜。不釋動以求靜，故雖靜而不離動。然則動靜未始異。〔註39〕

僧肇以爲：一般人從「生死交謝、寒暑迭遷」的變化之中，直接衍生的「有物流動」之見解，並沒有看到現象萬法的眞相。僧肇此處指出，狀態當中的「動」相與「靜」相，實際上根本沒有獨立存在的可能，他抱持的理由十分簡單：「動」與「靜」原來就是一個「動靜未始異」之整體的兩種分說；換言之，在談論「動」時，同時也是「雖動而常靜」，而在談論「靜」時，也有「雖靜而不離動」的兼攝。於僧肇言，「動」與「靜」，恰如龍樹遮遣相對法的結論一樣，是動靜不二、即動即靜的。而這不二相即的觀照，正是〈物不遷論〉工夫實踐的核心。

爲進一步證成此一工夫模式，僧肇又推出「事各性住於一世」的論點，以刹那暫住的獨特時間觀，通說現象界的一切法，其說如下：

> 1、求向物於向，於向未嘗無；責向物於今，於今未嘗有。於今未嘗有，以明物不來；於向未嘗無，故知物不去。覆而求今，今亦不往；是謂昔物自在昔，不從今以至昔，今物自在今，不從昔以至今。故仲尼曰：回也，見新交臂非故。如此則物不相往來明矣。〔註40〕

〔註39〕《肇論》卷上〈物不遷論〉第一，嘉興大藏經廿冊，頁260。
〔註40〕《肇論》卷上〈物不遷論〉第一，嘉興大藏經廿冊，頁260。

2、人則求古於今，謂其不住，吾則求今於古，知其不去。今若至古，古應有今；古若至今，今應有古。今而無古，以知不來；古而無今，以知不去。若古不至今，今亦不至古，事各性住於一世，有何物而可去來？〔註41〕

在1、之中，僧肇以「物」之剎那變異，說明在過去、現在、未來之動態時間發展中，不存在「物」的同一性。所謂「昔物自在昔，不從今以至昔，今物自在今，不從昔以至今」，就是說明現象界中一切「物」，隨時均處於新新不停的變化當中，過現未三世序列中看似不起變化的「物」，其實早已不是同一物。所以，現象萬法的存在，在僧肇看來，是以「性住於一世」之瞬息暫住狀態而被肯定；2、之中，僧肇便以「性住於一世」之瞬息暫住狀態，說明「物」之無去來相，所謂「古不至今，今亦不至古，事各性住於一世，有何物而可去來」者是。

既然現象萬法的存在，只是「性住於一世」之瞬息暫住狀態，則不僅今古、去來不相對，前述「動」相、「靜」相不二相即之理，亦因以獲得更充足的成立理由。所以，在狀態中，物之去來相不可得；時間中，過現未亦不存在同一物之遷動，「物不遷」的論旨遂得以確立。

憨山對於僧肇〈物不遷論〉的論旨，初由「旋嵐偃嶽」義進入，最後以「諸法本無去來」發悟，底下據引《年譜》萬曆二年條如左：

向於不遷論「旋嵐偃嶽」之旨不明，切懷疑久矣。今及之猶固然，至「梵志出家，白首而歸。鄰人見之曰：昔人猶在耶？志曰：吾似昔人非昔人也」，恍然了悟曰：信乎，諸法本無去來也！即下禪床禮佛，則無起動相；揭簾立階前，忽風吹庭樹，飛葉滿空，則了無動相；曰此旋嵐偃嶽而常靜也。至後出遺，則了無流相；曰此江河注而不流也。於是生來死去之疑，從此冰釋！乃有偈曰：死生晝夜，水流花謝，今日乃知鼻孔向下。〔註42〕

憨山此處論及狀態之「動靜」、「去來」以及時間的「今昔」，全屬現象界內的事物，亦皆具僧肇所謂「性住於一世」之瞬息暫住特質。值得注意的是：憨山因梵志「吾似昔人非昔人」語，澈悟「諸法本無去來」之真諦，除了憑恃於「性住於一世」之緣起觀照外，他同時又返照於現象萬法，提出「死生晝

〔註41〕《肇論》卷上〈物不遷論〉第一，嘉興大藏經廿冊，頁260。
〔註42〕見《憨山老人年譜自敘實錄》卷上，嘉興大藏經第廿二冊，頁803。

夜，水流花謝，今日乃知鼻孔向下」的見地。這一返照安立俗諦萬法的回向特點，亦見諸僧肇〈不真空論〉中：

> 是以聖人乘真心而理順，則無滯而不通；審一氣以觀化，故所遇而順適。——乘千化而不變，履萬惑而常通者，以其即萬物之自虛，不假虛而虛物也。〔註43〕

僧肇雖以萬物之「不遷」破「遷」，但對於現存有相境之之功能、作用乃至影響力等，卻未加以否定。也就是說，在般若聖心的充份觀照之下，現象界當中的「物」，僅是「自性」的觀空（即「萬物之自虛」所謂），它的實存事實（尤其是作用與影響力），仍不宜遽以虛化。所以，僧肇對於現象界，方有「不假虛而虛物」的正面肯定。而「即萬物之自虛，不假虛而虛物」，正代表《肇論》亦為有破有「立」之作，此與龍樹不二相即之中道精神是相應的。憨山之開悟偈，所謂「死生晝夜，水流花謝，今日乃知鼻孔向下」者，既明瞭萬法無去來相，亦同時兼收真俗二諦，也是此一中道境界的描繪。

而藉由上述即動即靜、不二相即的信念，可斷定僧肇乃係主張即體即用之體用一如說者。這一體用論，同時亦為憨山所接受，宏觀憨山禪學思想，體用一如的色彩可謂十分鮮明。所以，《肇論》對於憨山禪學之影響程度，確實不容輕忽！

（三）諦觀無相真諦之般若工夫

此外，僧肇〈般若無知論〉中，還透過般若智的活動情況，分析了有形相、有名言概念之「惑取之知」與虛心實照、萬法平等之「般若之知」的不同，僧肇曰：

> 夫有所知，則有所不知。以聖心無知，故無所不知，不知之知，乃曰一切知。故經云：聖心無所知，無所不知。信矣！是以聖人虛其心而實其照，終日知而未嘗知也。故能默耀韜光、虛心玄鑒、閉智塞聰而獨覺冥冥者矣。……經云般若清淨者。將無以般若體性真淨，本無惑取之知。本無惑取之知，不可以知名哉。豈唯無知名無知，知自無知矣。是以聖人以無知之般若，照彼無相之真諦。真諦無兔馬之遺，般若無不窮之鑒。所以會而不差、當而無是，寂怕無知而無不知者矣。〔註44〕

〔註43〕《肇論》卷上〈不真空論〉第一，嘉興大藏經廿冊，頁261～262。
〔註44〕《肇論》卷中〈般若無知論〉第三，嘉興大藏經廿冊，頁262～263。

僧肇認爲依「惑取之知」而建立的認識論，只能界定概念化、形相化的知識，雖然可凸顯「有所知」的知識表相，但實際上「有所不知」的地方，卻可能更多。因此，「聖人虛其心而實其照」的般若觀照，便因應於解脫「惑取之知」的桎梏，而成爲〈般若無知論〉的闡述主題。在僧肇看來，般若所要認識的是反映現象本質的「無相之眞諦」，由於眞諦無形相，也就不可能產生「知」之名；更何況「有所知，則有所不知」，只有「以無知之般若」，才能眞正地無所不知。所以，李潤生《僧肇》即歸納僧肇「般若無知」思想爲否定、肯定二重意義：

> 否定部份，是否定有形相、有概念、有執取之知；
>
> 肯定部份，則是肯定無形相、無概念、無執取，照而常寂、寂而常
>
> 照，默耀韜光，虛心玄鑒，閉智塞聰，獨覺冥冥之知。〔註45〕

由此約略可知〈般若無知論〉之「無知」並非木石一般之無知，而是觀照境界下，無執無言的無知。此一無知，搭配於前述《維摩經》的無言默教，其實都有共同的精神，那就是：藉由實際的觀照活動，以替代一切知解戲論。易言之，回歸到行者自身實地的操修行履，才能眞正如法地保住「般若無知」的意義；此在憨山〈南堂廣智請益教乘六疑〉中，亦嘗提及：

> 解爲見地，有三種不同：有學解、有信解、有悟解。若從教上或祖師公案上解，得佛祖究竟處，不落枝岐，此雖是名見地，謂依他作解。其有未親言教，但只決定信自心了無一物，是爲信解。若參究一旦明本有，是爲悟解。此三者，皆名見地，但依他解，多落知見障。信解如此，亦要操修，以臻實證。其悟解雖一念頓悟，尚有無始微細惑障，亦要淨除。是三種見地雖貴，若不行履，終難究竟。今古人所貴見地者，但就根器爲本，非全不行履。古人一期之語，不可作實法會也。〔註46〕

憨山當時禪門行者喜於撥弄知見光影，此前文業已提及。而憨山最不屑的多瓜禪、拍盲禪，其最大的錯誤，除了自誤誤人外，便是將般若觀照中「眞諦現量」的問題，逕付俗諦之名言概念、「依他作解」。這樣一來，參禪就眞會流入迂闊空談，而原來重視日用觀照的般若活動，便也隨之宣告死亡。所以，即使在回答南堂廣智禪人時，對學解、信解、悟解三種見地均溫和承認其效驗，但憨山

〔註45〕見該書 P107。

〔註46〕《憨山大師全集》卷五〈南堂廣智請益教乘六疑〉，嘉興大藏經廿二冊，頁439。

骨子內卻是一套不折不扣的實修哲學。他要廣智甩脫「古人一期之語」，並非是要否定祖師的開悟經驗，他目的僅是要把已經形相化、概念化的「知」去除，逕依般若智以體證虛心實照、萬法平等之「知」。因此，「但依他解，多落知見障」，是憨山亟欲革除的；而「操修，以臻實證」的般若活動，則為其所鼓勵。

由是可證，〈般若無知論〉所強調諦觀「無相之真諦」的般若工夫，亦確為憨山禪行之重要依據。而歸結上述論點，可簡單整理如下：

第一、僧肇在〈不真空論〉中，將「不動本際，為諸法立處」體會為一種「立處即真」、「觸事而真」的活動義，此一工夫模式實際上乃指出：人本來就活在無師不在的空性中，無論何時都隨處可即俗見真；般若之道原來即孳息於日常生活之中。而且，僧肇亦認為，般若工夫唯有透過二諦的圓融接會，以達「智」、「境」相契，其工夫之呈現才是有意義的。而憨山「有志於道者，當從日用中做」的圓融禪行，正是相應於此一即俗見真、智境相契工夫的最好示例。

第二、在〈物不遷論〉裡，僧肇以「物」之剎那變異，說明在過去、現在、未來之動態時間發展中，不存在「物」的同一性。現象萬法的存在，在僧肇看來，是以「性住於一世」之瞬息暫住狀態而被肯定；由於現象萬法僅存在於瞬息暫住狀態之中，所以「物」之去來相不可得，去來相既然不可得，則「物不遷」之說便成立。而透過「物不遷」觀攝「動」與「靜」，則恰如龍樹遮遣相對法的結論一樣，是動靜不二、即動即靜的。憨山讀〈物不遷論〉，因梵志「吾似昔人非昔人」語，澈悟「諸法本無去來」之體用一如真諦，即是憑恃於這種「性住於一世」之緣起觀照。其次，〈物不遷論〉「功業不可朽」語，強調現象萬法功能、影響力的實存性，亦應證於憨山圓融二諦的禪行之中。

第三、在僧肇看來，般若所要認識的是反映現象本質的「無相之真諦」，由於真諦無形相，也就不可能產生俗諦中「知」之名；更何況「有所知，則有所不知」，俗諦上「惑取之知」的知識運作，只徒然增加「有所不知」的缺憾；惟有「以無知之般若」，才能真正地無所不知。所以，〈般若無知論〉工夫模式即是：破斥執著名相、耽溺於概念的「惑取之知」，肯定無形相、無概念、無執取，照而常寂、寂而常照的「般若之知」。此一工夫模式則正好具現於憨山呵彈「知見障」，主張「操修」、「實證」的禪行風格上。

另外，影響於憨山禪行工夫諸根源中，最足以逗發直接聯想者，當屬《壇經》提出之「無念為宗、無相為體、無住為本」說，以及「定」、「慧」等持

見解。底下，本文之思路，即由「惠能之三無工夫與定慧等持」繼續探討之。

三、惠能之三無工夫與定慧等持

於《壇經》〈定慧品〉中，惠能云：

> 本來正教，無有頓漸，人性自有利鈍。迷人漸修，悟人頓契；自識
> 本心，自見本性，即無差別。所以立頓漸之假名。善知識！我此法
> 門，從上以來，先立無念爲宗、無相爲體、無住爲本。〔註47〕

這裡面，惠能認爲頓漸本來就只是依據個體根器「利鈍」而有之差別（所謂
「迷人漸修，悟人頓契」者是），而不管迷悟漸頓，只要個體確能洞見「本心」、
「本性」，都是平等「無差別」的。因此，惠能《壇經》所展示的禪宗法門，
也就是在這種「自識本心，自見本性」的前提下，逐一開展。至於「無念爲
宗、無相爲體、無住爲本」，據楊惠南先生《惠能》第四章言：

> 念與相乃由自性所生，這是四卷本《楞伽經》的思想；它偏向於哲
> 理上的詮釋。不住著於念與相的無住，以及由它衍生出來的無念與
> 無相，則多分《金剛經》的般若思想；這是偏於實踐意義的指示。
>
> 〔註48〕

楊惠南先生把「念」、「相」的概念與眞常自性說連繫起來，這一點，本文於
「惠能《壇經》之自性說」中，亦藉惠能「般若三昧」說證成無誤，自無疑
義。至於將「無住」、「無念」、「無相」視爲般若的實踐，筆者亦表贊同，且
可作如下分說：

（一）無住為本

如前所述，惠能是聽弘忍講授《金剛經》，至「應無所住而生其心」而言
下開悟，因此，「無住」的般若實踐，成爲其頓悟法門的主要觀行，這一點，
吾人並不意外。惠能自己對「無住爲本」一語，曾作如下之說明：

> 無住者，人之本性，於世間善惡好醜，乃至冤之與親，言語觸刺欺
> 爭之時，並將爲空、不思酬害。念念之中，不思前境，若前念、今
> 念、後念，念念相續不斷，名爲繫縛。於諸法上，念念不住，即無
> 縛也。此是以無住爲本。〔註49〕

〔註47〕 元宗寶《六祖大師法寶壇經》〈定慧品〉，嘉興大藏經第一冊，頁404。
〔註48〕 楊惠南先生《惠能》第四章，頁112。
〔註49〕 元宗寶《六祖大師法寶壇經》〈定慧品〉，嘉興大藏經第一冊，頁404。

按照惠能的說法，所謂「無住」，是指不在相對法中起利害分別的一種般若觀照，這原是與其眞常自性說相呼應的實踐型態（而惠能亦正是通過他的眞常自性說，藉「無住」之般若觀行，達到體用一致的圓融）。而特別值得注意的是，針對這一超絕於相對法的「無住」，此處惠能又將它更具體地推闡爲「念」的「不思」與「不住」；這給予「無住」以更清晰的實踐義涵。惠能之所謂「不思」，係指謂心念與內外境界的能所分離言；所謂「不住」，則是指心念之不執縛於萬法言。而合觀「不思」與「不住」，在實踐歷程上，則恰好形成前因後果的遞進關係。所以，惠能之「無住爲本」說，在其頓教法門當中，行動的意義實遠大於理論，不言可喻。

不過，有一點必須強調的是：正如惠能之融結眞常、般若一般，在《壇經》之中，並非一面倒地僅只強調「無住」之遮撥爲用，惠能也同時兼顧了自性「常住」的問題。爲方便說明起見，底下分別參引《壇經》〈機緣品〉與〈護法品〉文字對照：

> 1、汝須念念開佛知見，勿開眾生知見。開佛知見，即是出世開；眾生知見，即是世間。汝若但勞勞執念以爲功課者，何異犛牛愛尾。〔註50〕

> 2、實性者處凡愚而不減，在賢聖而不增，住煩惱而不亂，居禪定而不寂；不斷不常、不來不去、不在中間及其內外，不生不滅，性相如如，常住不遷，名之曰道。〔註51〕

搭配前述論證可知：惠能之所以強調「無住」的般若觀行，原是爲克制「勞勞執念」的病灶，此乃係就工夫層次言「無住」。至若本體論言，惠能則依然肯定「常住不遷」的本心之存在。兩者看似矛盾，實際上並沒有衝突，因爲在他的系統中，是「性相如如」的，「體」和「用」本來一致。憨山在〈答蕭玄圃少年〉一文中，也同樣地運用了這樣的無住觀行，他說：

> 吾人心體本來圓滿光明，即今不能頓悟、不得現前受用者，蓋因無量劫來貪瞋癡愛種種煩惱障蔽自心。……但日用向未起心動念處，立定腳跟，返觀內照。但於一念起處，即追審此念從何處起。追到一念生處，本自無生。則一切妄想情慮，當下冰消矣。〔註52〕

〔註50〕元宗寶《六祖大師法寶壇經》〈機緣品〉，嘉興大藏經第一冊，頁411。

〔註51〕元宗寶《六祖大師法寶壇經》〈護法品〉，嘉興大藏經第一冊，頁414。

〔註52〕《憨山老人夢遊全集》卷五〈答蕭玄圃少年〉，嘉興大藏經廿二冊，頁790。

對於「勞勞執念」的病灶，憨山認為應直觀其「本自無生」的本質，如此則一切妄想情慮，便不會再攪擾障蔽自心。而依照憨山的看法，只要能就起心動念處返觀內照，吾人原有的「圓滿光明」，自會順應於無住的般若觀行而一體朗現。當然，這進一步的工夫層域，便是惠能之「性相如如，常住不遷」的體用合一境界。

　　走筆至此，「相」的問題已隱約在目，接著便以「無相為體」說，繼續析解惠能的看法。

　　（二）無相為體

　　關於「相」一詞，惠能於〈頓漸品〉嘗曰：

　　　吾所說法，不離自性；離體說法，名為相說。〔註53〕

此處對於「相」的界定十分簡潔扼要，凡是離開自性本體之外的，舉凡相對性之概念思維、分別說之語言文字，全都被歸類為「相」。由於只是暫住之緣生法，所以惠能主張以「無相」遮遣之；而遮遣「相」的用意，前文亦言，不是在於摧壞現象萬法，而是歸復自性本體。因此，惠能言其頓教法門乃「無相為體」，基本上也是來自實際觀行的必然發展。

　　理解了這一層道理，那麼，對於〈定慧品〉的敘述，自然也就可以體會：

　　　外離一切相，名為無相。能離於相，則法體清淨。此是以無相為體。

　　〔註54〕

這裡的「外」並非空間意義上的「外」，惠能是就真常自性的本質言；只要能見性頓悟本心，其一切形諸於舉止言表之「外」，也都等如清淨法體的貫徹。所以，此「外」亦可視同是真常本體的化現。而「外離一切相，名為無相」者，正是為貫徹本體而有的具體實踐。此一「無相為體」的觀行境界，還可依《壇經》〈頓漸品〉之「見性」說予以補充：

　　　見性之人，立亦得，不立亦得。去來自由、無滯無礙，應用隨作、
　　　應語隨答，普見化身，不離自性。即得自在神通、遊戲三昧，是名
　　　見性。〔註55〕

見性之人因為「不離自性」且「外離一切相」，故能於日常生活、行住坐臥之間，兌現「無滯無礙，應用隨作、應語隨答」的觀行境界。而這「無相為體」

〔註53〕元宗寶《六祖大師法寶壇經》〈頓漸品〉，嘉興大藏經第一冊，頁413。
〔註54〕元宗寶《六祖大師法寶壇經》〈定慧品〉，嘉興大藏經第一冊，頁404。
〔註55〕元宗寶《六祖大師法寶壇經》〈頓漸品〉，嘉興大藏經第一冊，頁413。

說，也同時是直接催生惠能「外禪內定」信念的觸媒，據《壇經》〈坐禪品〉言：

> 善知識！何名禪定？外離相為禪，內不亂為定。外若著相，內心即亂；外若離相，心即不亂。本性自淨自定，只為見境思境即亂，若見諸境心不亂者，是眞定也。〔註56〕

「外離相」之「無相」即是禪，「無相」所遮詮之「本性自淨自定」即是定。兩相鬥合起來，惠能之「外禪內定」說，實際上仍與「無相為體」說形影不離。故此可知，般若之無相觀照，確是豁顯惠能禪觀內涵之重要工夫。

（三）無念為宗

至於《壇經》之「無念」說，除前述依「般若三昧」，可界定其乃隸從於般若觀行之特色外，惠能在〈定慧品〉中，又作如下闡釋：

> 云何立無念為宗？只緣口說見性，迷人於境上有念，念上便起邪見，一切塵勞妄想從此而生。自性本無一法可得，若有所得，妄說禍福，即是塵勞邪見。故此法門立無念為宗。善知識！無者無何事？念者念何物？無者，無二相、無諸塵勞之心；念者，念眞如本性。眞如即是念之體，念即是眞如之用。〔註57〕

惠能在這段文字裡，分別以俗諦與眞諦立場說明「無念」：

1、自俗諦立場言：「念」是一切塵勞妄想的起因，作「無念」之觀行，目的即在滅除「塵勞邪見」。

2、自眞諦立場言：「無」係指從相對法中超越的般若觀照，「念」則是將眞如自性開展於日用平常之用。

其中，1、之「無念」，面對之對象是一切塵勞妄想，具有能所對待的意義，其目的乃在於撥迷歸覺，超脫塵勞妄想；而2、則是將「無」與「念」歸返眞如本性，以體用論之「用」範疇無念。而這眞俗二諦又依般若三昧之「見一切法，心不染著，是為無念」為總持觀行，形成一套儼無罅隙的圓說。這一層道理，惠能復以「不於境上生心」統攝之，其云：

> 善知識！於諸境上心不染，曰無念。於自念上，常離諸境；不於境上生心。若只百物不思，念盡除卻，一念絕即死，別處受生，是為大錯！學道者思之，若不識法意，自錯猶可，更勸他人；自迷不見，

〔註56〕元宗寶《六祖大師法寶壇經》〈坐禪品〉，嘉興大藏經第一冊，頁405。

〔註57〕元宗寶《六祖大師法寶壇經》〈定慧品〉，嘉興大藏經第一冊，頁404。

又謗佛經。所以立無念爲宗。〔註58〕

「無念」之觀行並非任何心念都斷絕的意思，「百物不思」只是槁木死灰，這當然不是惠能的本意。惠能的本意簡扼言之，就是「不於境上生心」一語。釋印順在《中國禪宗史》裡，就如此道：

> 「無念」，一般總以爲是沒有念、什麼心念都不起。惠能以爲人的本
> 性，就是念念不斷的，如真的什麼念都沒有，那就是死了。所以，
> 勸人莫「百物不思，念盡除卻」。……一般人的「念」，是依境而起、
> 隨境而轉的；這樣的念，是妄念終日，爲境相所役使、不得自在，……
> 所以，要「無念」。從性起念，本來自在，只爲了心境對立，心隨境
> 轉，才被稱爲妄念；只要「於自念上離境」，念就是見聞覺知（自性
> 的作用）；雖還是能見能聽，而這樣的見聞覺知，卻不受外境所染，
> 不受外境的干擾，（性自空寂）而念念解脫自在。〔註59〕

釋印順認爲惠能之「無念」，是無「依境而起、隨境而轉」的心念，而非灰身滅智之意。同時，他亦指出純化過之「念」，可轉化爲自性直接作用下之「見聞覺知」，實際游轉於外境而不染。這都是將「無念爲宗」具體定位爲實踐意義的明證。相應於此一工夫論精神，憨山於〈憨山緒言〉之短文中，亦曾謂：

> 眾念紛紛不止，無以會真。若以眾念止眾念，則愈止愈不止矣。若
> 以一念止眾念，則不止而自止矣。吾所謂一念者，無念也。能觀無
> 念，不妨念念。而竟何念哉！……天地之功，不捨一草；滄海之潤，
> 不棄一滴；圓明之體，不離一念。是知一念之要，重矣夫。〔註60〕

憨山也相當認同純化過之「無念」，是止揚「眾念紛紛不止」的最好途徑。而且，他也承續了惠能的看法，認爲以「無念」純化過的境界，是無入不自得的，所謂「能觀無念，不妨念念」者是。

而相應於無住、無相、無念的工夫，「定」與「慧」在惠能思想中，也是有十分特殊的處理。

（四）定慧等持

如前所述，惠能禪法係主「無住」，以絕異於住心一境的定法。而他強調「無相」，也主要是對治緣起緣滅之名言法相；至如「無念」者，則是一種超

〔註58〕元宗寶《六祖大師法寶壇經》〈定慧品〉，嘉興大藏經第一冊，頁404。
〔註59〕釋印順《中國禪宗史》〈曹溪禪之開展〉，頁359。
〔註60〕《憨山大師全集》卷卅一〈憨山緒言〉，嘉興大藏經廿二冊，頁651。

越心境對立、回返自性作用的努力。此三者之共同精神，均是以直下見性、當下自在解脫爲訴求。而這一個共相，貫徹在「定」、「慧」，便是定慧一體的工夫。《壇經》〈定慧品〉中，惠能如是言：

> 我此法門，以定慧爲本，大眾勿迷，言定慧別，定慧一體，不是二。定是慧體，慧是定用：即慧之時定在慧，即定之時慧在定。若識此義，即是定慧等學。〔註61〕

就分別說立場言：所謂「慧」，意指對於事理法性（屬「境」）或本心自性（屬「心」）的觀照；而「定」，則是停息分別妄想、調攝亂意之謂。但惠能此處卻認爲，定慧二者雖然具有本體與作用的關聯，然於工夫論中則全是「定慧一體，不是二」的非分別說，原本就不宜儼予區分。換言之，「即慧之時」，已有「定」的工夫調攝其中；同樣地，「即定之時」，觀照之「慧」也同時生發，「定」、「慧」的體是一致的，發用也在同時發用。因此，惠能便即以這種「定慧一體」的論點，消解時人對於究竟該「先定發慧」，或者該「先慧發定」的疑惑，於〈定慧品〉，惠能又曰：

> 諸學道人，莫言「先定發慧」、「先慧發定」各別。作此見者，法有二相。口說善語，心中不善，空有定慧，定慧不等。若心口俱善、內外一如，定慧即等。自悟修行，不在於諍；若諍先後，即同迷人，不斷勝負，卻增我法，不離四相。〔註62〕

惠能以爲定力與慧力本來就是相等而行的，如果只知競言定慧先後之別，則「即同迷人」一般。這個看法，不僅在曹溪禪中成爲宗旨信念，對於後代也很有啓迪深義。眾所週知者，宋代禪學，有臨濟宗大慧之「看話禪」，與曹洞宗正覺「默照禪」的不同，其根本工夫型態之差異，類似於『「先定發慧」、「先慧發定」各別』之翻版；「看話禪」偏重於「先慧發定」，由參趙州「無」字話頭入手，而「默照禪」則有「先定發慧」的趨向，重視由定生慧的工夫。雖然看話、默照各有其擅場與影響力，然究竟言之，兩者放在惠能眼界底下，可能都只是「定慧不等」的偏至型態，面對於定慧體用一如的圓融工夫，仍有距離。

所以，參讀底下惠能對定慧二學的譬喻，便格外有意義，惠能曰：

> 善知識！定慧猶如何等？猶如燈火，有燈即光，無燈即暗；燈是光之體，光是燈之用。名雖有二，體本同一。此定慧法，亦復如是。

〔註61〕元宗寶《六祖大師法寶壇經》〈定慧品〉，嘉興大藏經第一冊，頁404。
〔註62〕元宗寶《六祖大師法寶壇經》〈定慧品〉，嘉興大藏經第一冊，頁404。

〔註63〕
定力與慧力的關係，正如同燈與光一般，有燈就有光，沒有燈就暗。於是，「名雖有二，體本同一」，便成爲惠能處理定慧關係的最後定論。而這個工夫論的特色，則被憨山具體實行於「歷境驗心」的日常修持當中，於〈答鄭崑巖中丞〉文，憨山謂：

> 于一切境緣上，以所悟之理，起觀照之力，歷境驗心。融得一分境界、證得一分法身；消得一分妄想、顯得一分本智。……若將心待悟，即此待心，便是生死根株。〔註64〕

「所悟之理」若是不執不惑之理，必可生「定」；「觀照之力」若能回歸自性本體，則是般若之觀「慧」。而在「歷境驗心」的日常修持生活中，此種定慧等持的禪行工夫，隨時都可以驗收「融得一分境界」、「顯得一分本智」的累進成果。所以，憨山因此推出「不可將心待悟」的見解，這是搭配在惠能定慧等持工夫底下的一種實踐心得！

而陳榮波先生〈禪宗與管理〉文則認爲，要獲得定慧，必先有「戒」之洗禮，戒是定慧等持的先行條件。〔註65〕據釋印順《中國禪宗史》第四章第二節〈東山門下的種種相〉，亦言惠能《壇經》確有明顯的「戒禪合一」走向，〔註66〕由是可知，惠能之定慧等持工夫，最終還是必然地要回返於三學並舉的格局中，完成圓融的定位。

綜觀以上論點，可作如下兩點歸納：

第一、惠能之所以強調「無住」的般若觀行，原是爲克制「勞勞執念」的病灶，此乃係就工夫層次言「無住」。至若本體論言，惠能則依然肯定「常住不遷」的本心之存在。兩者看似矛盾，實際上並沒有衝突，因爲在他的系統中，是「性相如如」的，「體」和「用」本來一致。而所謂「無相」，係指對於一切相對性之概念思維、分別說之語言文字、乃至一切暫住之緣生法的超越遮遣。至於「無念」，並非指百物不思，乃是「不於境上生心」之謂。惠能的三無工夫，對於憨山的禪學，是全面性的影響；〈憨山緒言〉中，憨山所提出的「能觀無念，不妨念念」以即「圓明之體，不

〔註63〕元宗寶《六祖大師法寶壇經》〈定慧品〉，嘉興大藏經第一冊，頁404。
〔註64〕《憨山老人夢遊全集》卷一〈答鄭崑巖中丞〉，嘉興大藏經廿二冊，頁730。
〔註65〕見陳榮波先生《哲學、語言與管理》，頁226。
〔註66〕見該書 P157。

離一念」的工夫見地，其實就是惠能三無工夫的總結。而這樣的工夫見地，則貫徹於憨山自性禪學之中。足證惠能對憨山影響之大。

第二、相應於惠能之「定慧等持」，憨山亦透過「歷境驗心」的工夫加以實踐。而惠能原來所強調之「慧中有定」、「定中有慧」的工夫論，憨山則將其落實於日常觀行之中，以「融得一分境界」、「顯得一分本智」的累進漸修，而加以兌現。

由以上探討可知：憨山在禪學著述之工夫論見解，雖然往往吉光片語、不成系統，但是通過惠能的工夫論架構來予以詮釋，確能清楚豁顯其工夫論之來龍去脈與真正的精神。

前面本文曾述及憨山之自性禪實踐，乃以內證自性為核心。這一點，證諸憨山現存著述，可謂歷驗不爽。而特別值得注目的是：在其著述之中，憨山往往直以參究話頭作為內證自性之觀行依據，以《憨山大師全集》卷三為例，關於參究話頭的文字即有四十七則，例如：

> 1、若話頭純熟，妄想自稀，不作障礙，久久疑情得力。妄想暫歇時，便得一念歡喜也。〔註67〕
>
> 2、只是一個話頭，作自己命根。古人三十年不雜用心，正是此耳。〔註68〕
>
> 3、學人當要念頭起處即看破，事未至時莫妄生。果能如此用心，則妄想自斷，外事自然無擾。道力自強。工夫必易就耳。〔註69〕

以上很明顯都以參話頭為主題。那麼，究竟憨山如何透過話頭的參究而契悟自性？其觀行之傳承、依據又如何？這都是我們應予釐清的。本文底下，即嘗試由「大慧宗杲之看話禪」單元，探討這些論題。

四、大慧宗杲之看話禪

本單元將討論三個子題，分別乃（一）、看話禪之特點；（二）、參話頭與「死疑」之工夫；（三）、「理障」說與悟修合一。這裡面，（一）、是對宗杲之「看話禪」進行特性之描繪，並以宗杲立場給予「默照禪」以批判及定位。而（二）及（三）之論題設計，則純粹係酌情於憨山對宗杲看話禪之個人體

〔註67〕《憨山大師全集》卷三〈示太素元禪人〉，嘉興大藏經廿二冊，頁413。
〔註68〕《憨山大師全集》卷三〈示石鏡一禪人〉，嘉興大藏經廿二冊，頁413。
〔註69〕《憨山大師全集》卷三〈示朱素臣〉，嘉興大藏經廿二冊，頁414。

會。期望藉本節之敘述，得一探憨山工夫論之底蘊。

（一）看話禪之特點

據普濟《五燈會元》卷四載，唐末趙州從稔（779～897）有公案曰：

> 僧問：狗子還有佛性也無？師曰：無。……又有僧問：狗子還有佛
> 性也無？師曰：有。〔註70〕

這一則公案在機鋒禪機充斥的文字禪中，是十分清新的，依柳田聖山的推想，
於此公案中，至少牽涉了「無」的問題、佛性問題、業識問題等諸方面。〔註71〕
不過，趙州之後，最主要的理解方向還是關於「無」的體會。臨濟宗的前輩黃
檗希運，就曾借用「狗子還有佛性也無」一語，作為開示學人的話頭。而到了
宋代臨濟宗大慧宗杲，更是沿取趙州與希運對於「無」的重視，教人專就「趙
州狗子無佛性語」，「抖擻精神」、百計搜尋話下深義，一直要參究到心開悟解處，
才可罷休。宗杲如是說：

> 趙州狗子無佛性語，喜怒靜鬧處，亦須提撕。第一不得用意等悟，
> 則自謂我即今迷，執迷待悟，縱經塵劫，亦不能得悟。但舉話頭時，
> 略抖擻精神，看是箇甚麼道理？〔註72〕

宗杲勸人務必抖擻精神，集中全副精力參究話頭，絕對不可孤守默照、「執迷
待悟」，而且他認為這種參究的精神必須是二六時中一體貫徹、不稍間斷，即
於「喜怒靜鬧處」，亦均須提撕。所以，宗杲此一行動取向的禪風，搭配上一
詞一語之穿鑿參究，就被稱為「看話禪」。今人黃懺華便如此界定「看話禪」：

> 用一則全無義味的語句，使人不就意識思維穿鑿。但淨淨地參究一
> 回。因此大發疑情、力求透脫，如咬鐵丸相似，定要嚼碎；嚼不碎、
> 拼命嚼。如此迴光就己、返境觀心，忽然把一切妄想雜念照破，驀
> 地一聲，洞見父母未生前面目。這一看話法門，自從宗杲開闢以來，
> 臨濟宗人無不奉為圭臬。〔註73〕

由此可大略歸納宗杲看話禪的三個特點：1、首先選取一則語句，作為參究的
話頭。2、必須時刻照管、綿密參究此話頭，不容一絲鬆懈。3、一方面藉著

〔註70〕宋普濟《五燈會元》卷四，嘉興大藏經廿四冊，頁71。
〔註71〕見《中國禪思想史》，頁184。
〔註72〕《大慧普覺禪師語錄》卷十九〈示清淨居士〉，《佛光大藏經》「禪藏」之語錄
　　　　部，頁391。
〔註73〕見《禪宗思想與歷史》〈看話禪與默照禪〉，現代佛教學術叢刊第五十二，頁73。

專意參究此話頭，止息其他的一切分別妄想；一方面則深化此話頭，藉此大發疑情、力求開悟。

　　這其中，2、事實上是將「話頭」當成一個過渡到真理的跳板，雖然其表面往往只是全無義味的語句，然而只要能傾注身心精力鑽研，抱定如「嚼碎鐵丸」一般的意志，「話頭」終究會變成開悟的契機。至於 3、則是強調透過話頭的專意參究，可以止息心意識的種種煩惱障礙；並以大疑則大悟、小疑則小悟的觀行實踐，說明此看話禪的主要精神。宗杲於上堂語錄中，即不斷地重覆這兩個特點，在〈示羅知縣〉文中，甚至就以他自己的立場，痛疵曹洞宗宏智正覺之默照禪為「墮在無言無說處」：

> 切忌墮在無言無說處，此病不除，與心意識未寧時無異！……纏住在無言說處，則被默照邪禪幻惑矣。……雜念起時，但舉話頭。蓋話頭如大火聚，不容蚊蚋螻蟻所泊，舉來舉去，日月浸久，忽然心無所之，不覺噴地一發。當恁麼時，生也不著問人，死也不著問人，不生不死底也不著問人，作如是說者也不著問人，受如是說者也不著問人。如人喫飯，喫到飽足處，自不生思食想矣。〔註74〕

在宗杲角度看來，「但舉話頭」才是一個禪行者該當時刻提撕照管的大事；真正懂得如何參話頭的人，可以將一句話頭溫煨純熟、如「大火聚」般，由慧生定，〔註75〕摒除一切煩惱障礙。宗杲很肯定地認為：如此「日月浸久」地持恆為之，最後必有「噴地一發」的妙悟。而且心開悟解之後，「如人喫飯，喫到飽足處」，自然一切功德具足、「不著問人」。此時，「無言無說」之言默境界，或許才是宗杲所認同的。〔註76〕換言之，宗杲痛疵曹洞宗宏智正覺之默照禪為「墮在無言無說處」，是斥責彼等執守著由定生慧的路數，往往未臻

〔註74〕《大慧普覺禪師語錄》卷廿〈示羅知縣〉，《佛光大藏經》「禪藏」之語錄部，頁 420。

〔註75〕由此看來，宗杲就不吻合於惠能「定慧等持」的工夫模式了。其實，憨山的看話頭工夫，就表面上來看，也跟宗杲一樣，有著「由慧生定」的執著。不過，由於憨山主張一切行住坐臥、天地萬物均可成為話頭，而且認為頓悟漸修乃係一體，所以，憨山所認同的「由慧生定」，實際上是方便說而已，真正在參究的當下時，定與慧、止與觀，都是雙運並行的。

〔註76〕而鄧克銘〈大慧宗杲禪師禪法之特色〉則指出，宗杲對於靜坐、公案語錄，其實都並未排斥，只是宗杲認為它們僅是一種權便之道，不應該去執著，鄧文曰：「大慧並不反對靜坐，也不反對看祖師語錄，然而必須清清楚楚地認識這些是方便法門、應病之藥。」引文見《中華佛學學報》第 1 期，頁 285。

妙悟即取「無言無說」以自足，宗杲實無意於批評「言默」的不二境界。這樣的觀點，在〈答張舍人狀元〉文內，就表達得更爲明確：

> 或以無言無說，坐在黑山下鬼窟裡，閉眉合眼謂之威音王那畔、父母未生時消息，亦謂之默而常照爲禪者。如此等輩，不求妙悟，以悟爲落在第二頭；以悟爲誑謼人，以悟爲建立，自既不曾悟，亦不信有悟底。〔註77〕

宗杲認爲正覺默照禪的「自既不曾悟，亦不信有悟底」，是默照禪最大之致命傷。〔註78〕因爲如果「不求妙悟」，或以「悟」爲次於默照的「第二頭」事，那麼，其主張之「無言無說」、「默而常照」都將會變成步空蹈虛的戲論！而宗杲所擔心的「纔住在無言說處，則被默照邪禪幻惑矣」，正是這個意思。

（二）參話頭與「死疑」之工夫

憨山對於宗杲的看話禪，有相當深透的體驗，在他現存著述中，凡言及實修參究工夫者，都是看話禪的路數。〈示參禪切要〉文中，憨山就是以看話禪開示學人，其曰：

> 大慧專教看話頭下毒手，只是要你死偷心耳。如示眾云：參禪惟要虛卻心，把生死二字貼在額頭上。如欠人萬貫錢債相似，晝三夜三、茶裡飯裡、行時住時、坐時臥時，與朋友相酬酢時、靜時鬧時，舉個話頭「狗子還有佛性也無」，州云「無」。只管向個裡看來看去，沒滋味時，如撞牆壁相似，到結交頭，如老鼠入牛角，便見倒斷也。要汝辦一片長遠身心，與之撕挨；驀然心華發明，照十方刹；一悟便徹底去也。此一上，是大慧老人尋常慣用的鉗錘。其意只是要你將話頭堵截意根下，妄想流注不行。就在不行處，看取本來面目。不是教你向公案上尋思。當疑情討分曉也。〔註79〕

憨山也認同宗杲「將話頭堵截意根下」的禪風，認爲它是一種由慧生定、「看

〔註77〕《大慧普覺禪師語錄》卷卅〈答張舍人狀元〉，《佛光大藏經》「禪藏」之語錄部，頁609。

〔註78〕陳榮波先生《曹洞宗的五位宗旨研究》文，則以爲宗杲所批判之默照禪乃「默照禪的末流──死坐禪」，其曰：「默照乃是一種了然自證的境界，亦可說是本來面目的直接體驗。……默照禪容易誤用爲『默默冷坐』，易陷於只圖靜坐之毛病。當時大慧所要批評的默照禪，不是指宏智眞正的默照禪，而是默照禪的末流──死坐禪。」語見該書之P136～139。

〔註79〕《憨山大師全集》卷三〈示參禪切要〉，嘉興大藏經廿二冊，頁410。

取本來面目」的捷徑。而所謂「堵截意根下」，就是以參話頭的方式，達到「死偷心」、「妄想流注不行」的境界，此時「重下疑情」，便容易有所得。憨山另於〈示知希先山主〉文中謂：

> 單提本參話頭，重下疑情，斬斷妄想煩惱根源。使内不得出，外不得入，前後際斷，中間自孤，只有一箇疑團，作自己命根。疑到疑不去，用力不得處，一覷覷定，看他畢竟是個甚麼？看來看去，自有倒斷時也。但存絲毫知見於中，便隔千里萬里，但看初祖云：心如牆壁，可以入道。便是歸家第一條路也。若心不肯死疑、不切當，則千生百劫終在途路耳。〔註80〕

宗杲確亦主張參究時當具「疑情」，而且也曾特別強調「疑」的地位。所以到了憨山手上，參話頭便幾乎成為「疑」話頭一般。此處，憨山以菩提達摩「心如牆壁，可以入道」語，點明「疑」字的精神，將其解釋成鑽研不懈的態度（所謂「死疑」），這一方面保留了宗杲看話禪的行動風格，一方面也突出他自己獨樹一幟的實踐特性。在〈示梁仲遷〉文中，憨山就以六祖「本來無一物」話頭，教人時刻不懈「橫在胸中」，做切當綿密之死疑工夫：

> 梁子自今以往，當先洗除習氣，潛心向道，將六祖「本來無一物」話頭橫在胸中，時時刻刻照管，念起處無論善惡，即將話頭一提，當下消亡，綿綿密密，將此本參話頭，作本命元辰。久久純熟，自然心境虛閒、動靜云為，凡有所遇，則話頭現前，即是照用分明，不亂定力。所持自不墮䶩浮鹵莽界中，不隨他腳跟轉矣。即讀書做文字，亦不妨本參。讀了做了，放下就還他個本來無一物，自然胸中平平貼貼，久之，一旦忽見本無心體，如在光明藏中，通身毛孔皆是利生事業。又何有身命可捨哉！〔註81〕

憨山主張參話頭時，除了必須時刻照管、「將此本參話頭，作本命元辰」外；最重要的是，當遭逢喜怒哀樂諸境界來到時，也要能鍛鍊成「凡有所遇，則話頭現前」的定力，不要隨便忘失自己所參的話頭。如此明白圓密、工夫純熟之餘，做任何事，都「不妨本參」；開悟才有其可能。

（三）「理障」說與悟修合一

至於宗杲最排擯的默照禪，憨山則未直接予以批判，但在〈答鄭崑巖中

〔註80〕《憨山大師全集》卷三〈示知希先山主〉，嘉興大藏經廿二冊，頁411。
〔註81〕《憨山大師全集》卷一〈示梁仲遷〉，嘉興大藏經廿二冊，頁401。

丞〉文中，憨山卻以「理障」說，表達了他自己的見解：

> 凡利根信心勇猛的人，修行肯做工夫，事障易除，理障難遣。此
> 中病痛略舉一二：第一、不得貪求玄妙。以此事本來，平平貼貼、
> 實實落落，一味平常，更無玄妙。其次、不得將心待悟。以吾人
> 妙圓真心，本來絕待，向因妄想凝結，心境根塵對待角立，故起
> 惑業。其次不得希求妙果，若一念頓悟自心，則如大冶紅爐陶鎔
> 萬象，即此身心世界，元是如來果體；即此妄想情慮，元是神通
> 妙用。換名不換體也。永嘉云無明實性即佛性，幻化空身即法身。
> 〔註82〕

憨山認為「修行肯做工夫」並不困難，但「理」上的障礙卻不容易超越。仔細
爬梳前文，我們仍可將「貪求玄妙」、「將心待悟」、「希求妙果」諸項理障，重
新予以還原歸位，其實它與宗杲當初面對默照禪的態度，並無二致。然而，憨
山刻意彰顯絕待真心、並明顯重視妄想情慮原具本體神通妙用的「體」、「用」
一致說，此在宗杲看話禪中則未如此強調。形成這種差異的主要原因是：宗杲
畢生學問在參究話頭、追求一「悟」，希望藉此行動對抗默照禪「將心待悟」、「無
言無說」的流弊；所以他必須視妄想情慮為虛妄，由慧生定，以朗現自性本心
為標的。〔註83〕而憨山則以體用一致說，重新圓融宗杲看話禪，並依於定慧等
持的進路，將本心的開「悟」與身心世界的「修」持合一。就渾淪籠統的角度
言，宗杲與憨山二人，都是頓悟漸修的主張者，但細予區辨，則宗杲往往逕以
頓悟為目的，憨山則延伸為頓漸一體，頓而漸、漸而頓、生生不息；因此，相
較之下，憨山之看話禪，反而更吻合於「平常心是道」的溫和路數，而與性格
強悍峻烈的宗杲，又自不同。不過，無論如何，透過宗杲重新解讀憨山自性禪
學之工夫論，的確是有它積極的效益，這一點，不容抹殺！

　　廖寶泉於其學位論文《從天台圓教看無情有性》中，說道：

〔註82〕《憨山大師全集》卷一〈答鄭崑巖中丞〉，嘉興大藏經廿二冊，頁386。
〔註83〕如果結合上頓悟之前的看話工夫，也可以導出楊白衣〈看話禪之研究〉所稱
　　　　的「大慧一派的禪，確為頓悟漸修的階梯禪。」（見《華岡佛學學報》第4期，
　　　　頁37）之結論。然而，宗杲之看話禪只參究公案，又偏於「慧」學，侷限性
　　　　太大；此與憨山定慧等持、依一切現象而參究的看話禪，實存在極大差異。
　　　　陳榮波先生〈大慧宗杲看話禪之禪法——兼論與默照禪比較〉文，則指出宗
　　　　杲之思路乃係由「行」至「智」的思考模式，從「文字般若」至「觀照般若」，
　　　　達到一切皆空的「實相般若」（語見《東海學報》37卷，頁137）。這個看法，
　　　　相當準確地掌握了宗杲看話禪的精神。

> 禪不能獨立地講，因為「無法可說」之禪，乃諸宗之「共相」。必須
>
> 配以教理，方能找到解釋的脈絡。〔註84〕

禪學的確必須「配以教理」，才能找到詮釋它的脈絡。當然，筆者亦十分警覺到，本章對於憨山禪學工夫論的基礎建構，「教理」的涵蓋度是不夠的，但是，本文所取樣的四個模本，就憨山禪學這個範圍而言，卻很有足夠的代表性與說服力。以前文各子題之敘述為例，我們可以清楚地在《維摩經》中，分別找尋到憨山不二法門、「煩惱即菩提」乃至「心淨國土淨」諸工夫見地的源頭。而透過僧肇的工夫論，則給予憨山以「體用一如」、「智境相契」、去「惑取之知」趨證「般若之知」等諸靈感。至於惠能的「無住為本，無相為體，無念為宗」，本來就是內化於憨山禪學之中的工夫論；而重要的當是惠能的「定慧等持」說，它是詮釋憨山頓悟漸修（見本章第二節之討論）這個核心課題時，不可或缺的線索。最後，則是大慧宗杲的看話禪，它是幫助我們解讀憨山「參究」工夫的最根源性依據。

而綜觀全局，這樣的一套工夫論詮釋網絡，雖然已經足夠通說憨山禪學的任何一樁工夫見地。但是，如果我們對於憨山自性禪學工夫論上之核心論題，如「頓悟漸修」、「教禪一致」等，沒有足夠的感應，亦將致遺憾。因此，以上所探討的，僅是憨山自性禪學之工夫論的一部份，它必須接上工夫論的核心，才是一個完整的體系。底下，本文處理的主題，正是工夫論之核心論題。

第二節　憨山自性禪學工夫論之核心論題

在〈答無錫翁兆吉廣文〉中，憨山提出他對於當時宗門流弊的批評，其曰：

> 近習多好宗門爽快語句，太為流弊，誤人不少。以杜口頭，非真知
>
> 見也。至若楞伽、楞嚴、金剛三經，乃發明最上第一義，顧以文字
>
> 視，非正眼也。顧公留心時時披究，當得真正路頭。以末世無明眼
>
> 人，賴此為印證耳。〔註85〕

憨山此中特別強調三經之「最上第一義」，不能流於口頭文字的知見。所謂「最上第一義」，以憨山之理解言，是經由操修實證所契會的體用一如之淨明真常本心。但這在《楞伽經》的論理架構言，則是透過「如來禪」思想與「宗通」、

〔註84〕見廖寶泉《從天台圓教看無情有性》，頁335。
〔註85〕《憨山大師全集》卷九〈答無錫翁兆吉廣文〉，嘉興大藏經廿二冊，頁478。

「說通」的穿梭迴證，而發展出「漸修頓悟」、「教禪一致」的重要論題。而通過《華嚴》教觀，憨山亦藉由惠能的工夫論通路，提出了屬於他自己的「行住坐臥是禪」之獨特見解。凡此都是爲了要實證「最上第一義」而發展出來的核心課題。理解憨山之自性禪思想，如能掌握這些工夫論核心，其體用爲一的禪學架構便了然在目矣。

　　酌情於上述之考量，本文底下之安排，乃計劃由三個工夫核心以詮釋憨山之禪學，這三者分別爲：一、「頓悟漸修」；二、「教禪一致」；以及三、「行住坐臥是禪」。這三者，在憨山禪學中而言，其實都是以發明眞常自性、達成「明心見性」，作爲終極的目的，此處提出作分別闡述，只是方便法，究竟義上言，這些核心論題，都是爲了要趨證體用一際的眞常自性。

　　底下本文即依此順序，逐一進行。

一、「頓悟漸修」說

（一）「如來禪」下的「頓悟漸修」

「如來禪」一語，見於《楞伽經》卷二。對於「禪」，《楞伽經》原有四種分類，其文曰：

> 有四種禪，云何爲四？謂愚夫所行禪、觀察義禪、攀緣如禪、如來禪。云何愚夫所行禪？謂聲聞緣覺外道修行者，觀人無我性自相共相，骨鏁無常，苦不淨相，計著爲首。如是相不異觀，前後轉進，相不除滅。是名愚夫所行禪。云何觀察義禪？謂人無我自相共相，外道自他俱無性已。觀法無我彼地相義，漸次增進。是名觀察義禪。云何攀緣如禪？謂妄想、二無我妄想、如實處不生妄想。是名攀緣如禪。云何如來禪？謂入如來地，得自覺聖智相、三種樂住，成辦眾生不思議事。是名如來禪。〔註86〕

「愚夫所行禪」所指對象專就聲聞、緣覺以及外道修行者言，彼等之名「愚夫所行」，主要是因爲：他們雖能善觀「無我」、「無常」、「不淨」諸相，捨離形軀之累，卻往往在最後慣性地沉溺於捨離諸相之後的滅盡定境界，且自以爲已得究竟；由於「相不除滅」，不免於畫地自限，故名愚夫所行禪。而從愚夫所行禪轉出者，即是「觀察義禪」。所謂「觀察義」，是指從滅盡定境界跳

〔註86〕《楞伽阿跋多羅寶經》卷二，磧砂大藏經第十冊，頁350。

脫出來，進一步深觀於一切的緣起萬法，體悟到緣起萬法都是沒有永恆不變的自性（即「無性」）；即連自我的存在，在緣起萬法中也都貞定不住（即「觀法無我」）。如此的深心諦觀，便稱爲「觀察義禪」。至於「攀緣如禪」，則是深一層地洞見了所有緣起網絡的根源，亦即人的「妄想」（一切現象萬法，皆起因於妄想的造作分別）。因此，將容易造作分別的妄想心停下來，相對地，原本冰藏的「如實處」之眞如心（此處「如」乃指謂眞如，「實」爲實相），便會逐漸浮現，這就是「攀緣如禪」的著力所在。

　　而以上的「愚夫所行禪」、「觀察義禪」與「攀緣如禪」，都只應被視爲進階性質的歷程，因爲三種禪皆未能頓入「如來地」，也還沒有實際契證本心（未得「自覺聖智相」），當然也無法圓滿成辦利他的不可思議功德。所以，都不是如來禪。然而，這三種禪卻是進入如來禪之前，可能存在的先行階段！它們的境界型態，雖然究竟地說並非了義，卻也有蹞步千里的積漸之功。因此，就實際修證的過程來看，如來禪其實乃意指本心（即「聖智」）撥迷歸覺歷程下的一種終極頓境；如來禪的境界，也就是明心見性的境界。

　　而一般中國佛教史的觀點，常以爲「如來禪」是釋迦金口所宣，爲經典中所主張之漸修式的禪學；「祖師禪」則以中國禪宗祖師所發揚的頓悟法門爲特色。這是將「如來禪」的「如來」作名詞解，才有如來、祖師的區分。但實際上，若剋就上述《楞伽》的角度衡觀，「如來」動詞性質的涵義，實遠大於名詞的成份。而且，將「如來禪」理解成漸修之禪學，不如說它是漸修頓悟之禪學來得切題，因爲《楞伽》的四禪說，原本就以鋪示漸、頓一體的禪修歷程爲訴求。這樣看來，強予分別如來、祖師云云，其實並不恰當。對於這一點，憨山是有深刻體會的，在〈王芥庵朱白民請益〉中，他就說：

> 如來禪、祖師禪，本來無二。但如來禪就迷中説悟，要修而後入；祖師禪直指，不屬迷悟一著，不假修爲，要人直下頓了自心。凡落迷悟關頭，便是第二義也。所以古德云：修行即不無，其如染污何。是故宗門向上一路，須是箇裡人始得。《楞伽》四種禪中，最上一乘禪即祖師禪。其實本無異也。若根器不淨，妄逞聰明知見，把作會祖師禪，如此連如來禪亦未夢見在，譬如貧人妄稱帝王，自取誅戮，可不思哉。〔註87〕

就整個「如來禪」的禪修歷程著眼，憨山亦認同如來禪、祖師禪有「就迷中

〔註87〕《憨山大師全集》卷五〈王芥庵朱白民請益〉，嘉興大藏經廿二冊，頁441。

說悟，要修而後入」與「不假修為，要人直下頓了自心」的漸頓之異。然而，若就「如來禪」的當下證量言，則《楞伽》四種禪中，最上一乘禪即祖師禪」，如來禪就是祖師禪。所以，「宗門向上一路，須是箇裡人始得」，應是憨山這段話的關鍵語。「向上一路」是指修證本心之撥迷歸覺歷程，「箇裡人」即實際體驗這個歷程的參學人。他認為只有箇裡人，才能在契會如來禪的當下證量中，如實領略「如來禪、祖師禪，本來無二」的道理。

　　憨山之漸修頓悟說，就在如來禪、祖師禪的這種辯證發展中形成。當然，其強調的方向仍在於實際的行持上面，而非知見思惟；〈與漢月藏公〉文中，他說：

> 眾生識情深固，苟學人以思惟為參究，以玄妙為悟門，恐不能透祖師關，亦難出妄想窠窟也。公如真實為人，切不可以偈語引發初機，直使死偷心、泯知見為第一著。庶不負此段因緣耳。若曰如來禪、祖師禪如何如何，皆餖飣耳！〔註88〕

又於〈答王于凡〉文，曰：

> 如今說要參禪頓悟了生死，請自討量：果能一念頓斷歷劫煩惱如斬亂絲否？若不能斷煩惱，縱能頓悟，亦成魔業，豈可輕視哉。從上諸祖頓悟，亦從多生積功漸修中來。故頓悟一著，說則似易，其實為難。苟無二三十年死心工夫，如何得向熱惱中一念頓悟？〔註89〕

頓悟是「從多生積功漸修中來」，因此憨山鼓勵參究學人應做「死心工夫」，以斷「歷劫煩惱」。由此可證：憨山是以漸修、頓悟為一整體性的動態實踐，不宜作靜態之玄妙思惟觀。〔註90〕如果學人只知以玄妙思惟參究，徒逞口舌妄想，那麼，「曰如來禪、祖師禪如何如何」，都將成為不相干的餖飣之學。

　　歸結上述可知：憨山是由如來禪的迷悟遞進歷程中，啟發了漸修頓悟說的靈感；而禪者的動態實踐，則是他能賦予《楞伽》如來禪新義的源頭活水。易言之，所謂「頓」，是從如來禪的當下證量言「頓」，此時如來禪與祖師禪

〔註88〕《憨山大師全集》卷五〈與漢月藏公〉，嘉興大藏經廿二冊，頁455。
〔註89〕《憨山大師全集》卷九〈答王于凡〉，嘉興大藏經廿二冊，頁479。
〔註90〕用憨山的立場來看，頓悟和漸修並不是兩個階段，頓悟與漸修是一體性的結構。所以，即使有頓悟的悟境，也並非代表修行的結束；它依然要藉「歷境驗心」，以連續呈現頓悟的悟境。而漸修也並非與頓悟離異，只要能觸類是道，任一時任一地之漸修，都是悟境的開顯。所以，憨山在〈答王于凡〉文中，提醒時人是否真能「一念頓斷歷劫煩惱如斬亂絲」，其實重點都是在於強調頓悟漸修一體性的關係。

是一；所謂「漸」，則是指「入如來地」之前，「多生積功漸修」的逆覺體證歷程。所以，學人如果只是片面性地以知見思惟奢逞頓悟、撥弄光影，而不能在漸修上面腳跟落實，則「縱能頓悟，亦成魔業」。

（二）「頓悟漸修」之靈活運用

這個工夫論的態度，在憨山禪學之中，可以找到相當多的例證。例如《論語》「性相近，習相遠」一語，原本程朱是將「性」定義為稟賦各殊的「氣質之性」，「習」則以動詞義之「習於善則善，習於惡則惡」涵括。〔註91〕但在憨山體會中，此語則不僅被融入他慣常之真常自性的解釋，而且還從頓悟漸修的工夫層面，重新定位「性」、「習」的關係。於〈示劉平子〉以及〈示李福淨〉開示語中，憨山即謂：

> 1、性相近習相遠此語，直示千古修行捷徑，吾人苟知自性本近，唯因習而遠，頓能把斷要津，內習不容出，外習不容入，兩頭坐斷，中間自孤。自孤處，正謂如有所立卓爾。若到卓爾獨存之地，則性自復。〔註92〕

> 2、堯舜與人同者，性也；不同者，妄也。又曰：人皆可以為堯舜，其可為者，性也；不可為者，習也。人之所習，苟捨污下而就高明，則日遠所習而近於性，是可與為堯舜者，亦此習耳。習近於性，即禪家漸修之行也。以世儒之學，未離凡途，去聖尚遠，非漸趨無以致其極。故聖人立教，但曰習、曰致、曰克，其入道工夫在漸復，不言頓悟。若夫禪門，則遠妻子之愛，去富貴之欲；諸累已釋，切近於道；故復性工夫易為力，故曰頓悟。以所處地之不同，故造修有難易，其實心性之在人，本無頓漸之差，但論習染之厚薄，此入道要也。〔註93〕

由1得知：憨山係以「性」為我們俯仰可得的真常本心，「習」則有對外境而言的「外習」與對自性而言之「內習」的差別。其中，本體之「性」的取證，又全賴於能否把斷「內習」、「外習」的心境分別，憨山認為如果能夠將心境「兩頭坐斷」，則原來的本心自性就自然可以復出。非常清楚地，憨山的理路或解釋的角度，完全是基於一位禪者的本位立場，這使得「性相近習相遠」

〔註91〕見朱熹《四書章句集註》之《論語集註》卷九，頁175。
〔註92〕《憨山大師全集》卷一〈示劉平子〉，嘉興大藏經廿二冊，頁399。
〔註93〕《憨山大師全集》卷一〈示李福淨〉，嘉興大藏經廿二冊，頁405。

一語，竟也變成參禪的「千古修行捷徑」！而在 2 之中，他又更進一步跨接到頓漸的問題上。按照憨山的說法，所謂「世儒之學」，因爲習於凡途、「去聖尚遠」，因此雖然也可以「日遠所習而近於性」、完成與堯舜同之復性工夫，但其入道的一開頭，則一定是「漸復」、「非漸趨無以致其極」的。換言之，此處憨山是站在第八識薰染程度的立場上，判斷世儒之學有走向漸修的必然性。而另一方面，相對於儒學的「禪門」，他則以「諸累已釋，切近於道；故復性工夫易爲力」的理由，主張以「頓悟」爲入道工夫。

　　不過，針對漸頓的差別，憨山強調那並不是著眼於心性上的不同，而僅只是在工夫伊始處，因儒佛「習染之厚薄」而區分的一種自然傾向。實際上，依憨山禪學之工夫論立場言，「禪門」之頓悟，必伴隨著漸修，頓悟才有其眞正價值。而「世儒之學」，則因爲「習染之厚薄」的不同，必須先有一段漸修之後，方有頓悟的到來之可能。關於儒家之所謂頓悟，在〈示素大塗〉文中，憨山還舉了《論語》〈顏淵篇〉之「一日克己復禮，天下歸仁」語，說明以一位禪者角度觀之，「世儒之學」的「漸復」工夫，最後也是有頓悟的：

> 佛制五戒，即儒之五常。不殺，仁也。不盜，義也。不邪淫，禮也。不飮酒，智也。不妄語，信也。但從佛口所說，言別而義同，今人每發心願持佛戒，乃自脫略其五常，是知二五而不知十也。又推禪定爲上乘以其能明心見性，而不知儒亦有之。顏淵問仁，子曰：克己復禮爲仁。己者，我執也；豈非先破我執，爲修禪之要？一日克己復禮，天下歸仁。豈非頓悟之妙？以天下皆物與己作對待障礙，若我執一破，則萬物皆己。豈非歸仁乃頓悟之效耶？〔註94〕

以佛之五戒合於儒之五常，本是魏晉格義佛學以來的傳統看法。但是，把「克己復禮」理解爲破我執，並將盡破我執之後的「萬物皆己」之「歸仁」境界，比擬於禪門的頓悟，憨山則是第一人。所以，在他的心目中，「人乘之聖」的孔子，最後也還是有體驗到「頓悟之妙」的一刻。只是，儒佛之間的頓悟，仍有根源性的「宗本」之異，他說：

> 若究心性之精微，推其本源：禪之所本，在不生滅；儒之所本，在生滅。故曰：生生之謂易。此儒釋宗本之辨也。〔註95〕

正如道佛之間有虛靜心與眞常自性的不同，儒佛之間也有心性根源的分別。

〔註94〕《憨山大師全集》卷一〈示素大塗〉，嘉興大藏經廿二冊，頁403。
〔註95〕《憨山大師全集》卷一〈示李福淨〉，嘉興大藏經廿二冊，頁405。

憨山認為：儒家心性論所根據的經世意識，是生生不已、新新不停的創生心，它有生滅變易的本質，故「儒之所本，在生滅」。而禪門的真常自性則是不生滅的。如此便又形成儒釋本體論上的根源性差異。

然而，不論憨山認為儒家與佛家之心性差異如何，至少我們已能十分清楚肯定「頓悟漸修」，確為落實憨山禪學工夫論的一個重要核心課題。從這個工夫論核心，可以鮮明地襯托出憨山獨詣之處，基本上，憨山之融合頓悟漸修為一體，除了係為貫徹其本體論之需求外，其思想的啟蒙，實與《維摩經》、《肇論》之體用不二、即本體即工夫的路數緊密結合；而且，悟修合一的工夫模式，也是落實惠能三無工夫以及定慧等持的最好途徑。當然，如果相對於宗杲之力求頓悟，以及由慧生定的進路，憨山的頓悟漸修就又顯出更大的格局了。

而順著這個脈絡，輻輳於「宗通」、「說通」二說，就可進一步發展為「教禪一致」的觀點。底下，續就《楞伽》之「宗通」、「說通」以及菩提達摩的「藉教悟宗」說的思維路向，探索憨山之「教禪一致」觀。

二、融貫「宗通」與「說通」之「教禪一致」觀

（一）從「宗通」、「說通」到「理入」、「行入」

關於「宗通」與「說通」的涵義，《楞伽經》卷三有謂：

> 佛告大慧：一切聲聞、緣覺、菩薩，有二種通相，謂宗通及說通。大慧！宗通者，謂緣自得勝進相，遠離言說、文字、妄想，趣無漏界、自覺地自相，遠離一切虛妄覺想，降伏一切外道眾魔，一切緣自覺趣，光明輝發，是名宗通相。云何說通相？謂說九部種種教法，離異不異有無等相，以巧方便，隨順眾生，如應說法，令得度脫，是名說通相。……佛告大慧：三世如來，有二種法通，謂說通及自宗通。說通者，謂隨眾生心之所應，為說種種眾具契經，是名說通。自宗通者，謂修行者離自心現種種妄想，謂不墮一異、俱不俱品，超度一切心意意識，自覺聖境界，離因成見相；一切外道、聲聞、緣覺、墮二邊者，所不能知；我說是名自宗通法。〔註96〕

依經文所示：「宗通」，是由自覺內證的「自得勝進相」而成就的（其覺證自得者，就是原自具足不闕、「光明輝發」的本心）。因此，相對於「一異、俱不俱」、

〔註96〕《楞伽阿跋多羅寶經》卷二，磧砂大藏經第十冊，頁350。

「墮二邊」的相對法而言，宗通是絕對的「自覺地自相」；而較量於世間的「言說、文字、妄想」言，它則是超越一切「心意意識」、「因成見相」的分別說，凸顯出行者自身獨悟、「緣自覺趣」的特色。此即《楞伽經》所指謂之「宗通」。至於「說通」，重點則是建立在教法、義學的層面上，其目的是曉喻眾生、「令得度脫」，而所取的方法則為「隨順眾生，如應說法」。因此，據「說通」的立場言，「九部種種教法」及「種種眾具契經」，都只是權宜方便。

淨覺《楞伽師資記》嘗載菩提達摩之「理入」及「行入」說，可與上文彼此參看：

> 夫入道多途，要而言之，不出二種：一是理入，二是行入。理入者，謂藉教悟宗，深信含生凡聖同一眞性，但爲客塵妄覆，不能顯了。若也捨妄歸眞，凝住壁觀，自他凡聖等一，堅住不移，更不隨於言教。此即與眞理冥狀、無有分別，寂然無名，名之理入。行入者，所謂四行，其餘諸行，悉入此行中。何等爲四行？一者報怨行；二者隨緣行；三者無所求行；四者稱法行。……經云：逢苦不憂，何以故？識達本故，此心生時，與理相應，體怨進道。是故說言報怨行。……得失從緣，心無增減。喜風不動，冥順於道。是故說言隨緣行。……三界久居，猶如火宅。有身皆苦，誰得而安？了達此處，故於諸有息想無求。……性淨之理，因之爲法。此理眾相斯空。無染無著、無此無彼。經云：法無眾生，離眾生垢，故法無有我，離我垢故。智若能信解此理，應當稱法而行。〔註97〕

菩提達摩言「理入」乃「藉教悟宗」者，其中，「教」即楞伽之「說通」，「宗」即「宗通」。基本上，這是菩提達摩對楞伽名相的一種套用，應無疑義。然值得注意的是：他將經教義學的「說通」定位爲具有調適上遂、發明本心的意義，不僅對於「漸修頓悟」的主張，提供了正面的支持，而且也爲宗密以降之「教禪一致」說，預鋪先路。按照菩提達摩的說法，「理入」雖以「藉教悟宗」爲入門，假「凝住壁觀」之禪法爲方便；但究其實，所有「行入」的四類「行」，恐亦是「藉教悟宗」的一種實踐（所以在說明「稱法行」時，才會有「智若能信解此理，應當稱法而行」一語）。換言之，菩提達摩在這裡關心的並不是「理入」、「行入」的嚴格界定或區別，他要強調的是：不論「理入」或「行入」，只要能夠在「藉教悟宗」的漸修活動中，當下頓悟，覿見本來面

〔註97〕淨覺《楞伽師資記》，《佛光大藏經》「禪藏」之史傳部，頁17～19。

目、即教即宗；那麼，「理入」或「行入」都是可以被肯定的。當然，通過此一義理之銜轉，「藉教悟宗」中的「教」（「說通」）與「宗」（「宗通」）便因此得跨越其漸修之因果層序而兌顯為一體的頓悟境界，宗密所謂「教禪一致」者，正是奠基於如此之思想原型。

（二）憨山對「教禪一致」說之理解

據宗密《禪源諸詮集都序》卷上謂：

> 先敘禪門，後以教證。禪之三宗者：一、息妄修心宗；二、泯絕無寄宗；三、直顯心性宗。教之三種者：一、密意依性說相教；二、密意破相顯性教；三、顯示真心即性教。右此三教如次，同前三宗相對，一一證之，然後總會一味。〔註98〕

何國銓於《中國禪學思想研究——宗密禪教一致理論與判攝問題之探討》一文中，認為宗密此說，係以「禪」之北宗（即「息妄修心宗」）、牛頭禪（即「泯絕無寄宗」）與南宗（即「直顯心性宗」），配置於「教」之唯識（即「密意依性說相教」）、三論（即「密意破相顯性教」）以及華嚴（即「顯示真心即性教」），以「示禪教之一致性」。〔註99〕宗密之教禪一致，是因應於禪宗（尤其是惠能、神會以下之南宗）與華嚴教理統會的實際需求而誕生，宗密所面對的時代特色，到了晚明的憨山，當然已有相當的變動。但變動者雖大，教禪一致的精神卻絲毫未變，也就是：結合「說通」、「宗通」為一體的楞伽本義，以及菩提達摩「藉教悟宗」的漸頓主張，都仍然被保留下來。

此一精神，透過憨山的闡示，又更加清楚。在〈示徑山堂主幻有海禪人〉文內，憨山說：

> 佛祖一心，教禪一致。宗門教外別傳，非離心外別有一法可傳，只是要人離卻語言文字，單悟言外之旨耳。今參禪人動即呵教，不知教詮一心，乃禪之本也。但佛說一心，就迷悟兩路，說透宗門，直指一心，不屬迷悟。要人悟透其實究竟無二，如來藏中求於去來、迷悟、生死了不可得。此豈屬迷悟耶？二祖云「覓心了不可得」六祖云「本來無一物」，即般若無五蘊根塵識界及出世三乘之法也。以無所得，故得菩提與覓心了不可得，豈二法耶？是知教說一心，所多者，凡情聖解耳。參禪頓破無明，是絕凡情也；悟亦吐卻是絕聖

〔註98〕宗密《禪源諸詮集都序》卷上之二，嘉興大藏經第九冊，頁362。
〔註99〕見該書P4。

－192－

> 解也。斯則禪呵知解，而教未嘗不呵也。今參禪人從教迴心者，不
> 能忘知絕解；提話頭不能忘情絕跡，皆在所呵。……今無明眼知識
> 印證，若不以教印心，終落邪魔外道。但不可把佛說的語言文字及
> 祖師玄妙語言，當作自己知見，必要參究做到相應處。〔註100〕

首先，就共法的層面來看：憨山認為「心」是「教禪一致」之所以能「一致」
的關鍵，而此「心」即是禪所直指的本心。所以，他對於當時一些參禪的人
「動即呵教」，是很不以為然的，憨山指責這些學人「不知教詮一心，乃禪之
本」，其實「教」、「禪」都是以取證本心為目的，率爾動輒就「呵教」以自快，
並不明智。其次，就不共法的層面看：他指出「凡情聖解」，是說通之「教」
必不可免的權宜方便；而宗通之「禪」則直接以「頓破無明」、「絕凡情」為
入手工夫；這兩者確有霄壤之異。然而，儘管如此，說通與宗通仍有其互攝
互用的圓融特性，所以，憨山又強調：在藉教悟宗的當下頓悟中，「教」最後
必須跳出「凡情聖解」才能一超直入；而參禪直指一心的證悟，也必須在「以
教印心」的監督下，方不致淪為邪魔外道。換言之，憨山是順著楞伽說、宗
一體的方向，以言其「教禪一致」。

　　此外，〈答鄭崑嚴中丞〉文中，憨山又從「修」、「悟」的立場，繼續此一
話題：

> 說禪說教，無非隨順機宜破執之具，元無實法與人。所言修者，只
> 是隨順自心，淨除妄想習氣影子，於此用力，故謂之修。若一念妄
> 想頓歇，徹見自心本來圓滿，光明廣大，清淨本然，了無一物，名
> 之曰悟。〔註101〕

他認為一般人所指謂的「說禪說教」，並非真有「禪」法、「教」法可以實際與
人；所有的「禪」、「教」，不過只是隨順機宜的「破執之具」罷了，一旦「徹見
自心」，「破執之具」就立應捨去。所以，憨山教鄭中丞不妨從漸修頓悟的實質
精神中，去體會「禪」、「教」。他指出：在「淨除妄想習氣影子」的漸修歷程中，
「禪」、「教」確是隨順機宜、幫助吾人契證本心的工具；但在「徹見自心」的
當下頓悟裡，「禪」、「教」就應該退位，免墮知解障中，前文有「從教迴心者，
不能忘知絕解；提話頭不能忘情絕跡，皆在所呵」一語，正是這個意思。

〔註100〕《憨山大師全集》卷三〈示徑山堂主幻有海禪人〉，嘉興大藏經廿二冊，頁
　　　　411。
〔註101〕《憨山大師全集》卷一〈答鄭崑嚴中丞〉，嘉興大藏經廿二冊，頁385。

　　歸納前述，可證知：憨山的「教禪一致」觀之形成，一方面固然接受了《楞伽經》「宗通」、「說通」以及菩提達摩「藉教悟宗」說的暗示，一方面則依然是其工夫論核心——頓悟漸修說的持續延伸。在〈答傅金沙侍御〉中，憨山如是言：

> 奉寄楞伽一葉，以供慧目。蓋此經洞明吾人日用現前境界，頓令實證，所謂頓教法門者也。〔註102〕

所謂「洞明吾人日用現前境界，頓令實證」者，正是教禪一致的終極歸宿；就其洞明自性、實證本心的當下頓悟言，教禪是完全相同的。而且，從這個工夫論的角度觀之，不僅楞伽是頓教，整個憨山自性禪學都可直命為「頓教法門」！

三、憨山之「行住坐臥是禪」

（一）從工夫論的立場融合華嚴與禪

　　所謂「行住坐臥是禪」，源自於六祖惠能對「一行三昧」的新解。依楊惠南先生的說法，一行三昧本是一種念佛三昧，乃四祖道信依照《文殊說般若經》所開創出來「看心」、「看淨」的禪法。〔註103〕而惠能則獨發新義，賦「一行三昧」予頓悟禪的內容，其謂：

> 一行三昧者：行、住、坐、臥，常行直心是。……迷人著法相，執一行三昧，直言坐不動，除妄不起心，即是一行三昧。若如是，此法同無情，卻是障道因緣。道須通流，何以卻滯心？不住法即通流，住即被縛。〔註104〕

以無住的禪法，貫徹於四威儀之中，就是「行、住、坐、臥，常行直心是」的頓悟禪，它與「看心」、「看淨」的禪法，剛好形成頓、漸的對比。惠能這一見解，基本上仍屬於「無住為本、無相為體、無念為宗」的工夫脈絡，而它透過永嘉、大珠、神會等人的傳播，深遠影響後世。即憨山也都蒙受其思想光澤。只是，憨山將之更加深化。而且，這種深化，是透過工夫論的強化而接駁於教內各宗義學而來的。

　　在〈示念松通禪人〉文中，憨山就把禪者的日常行住坐臥，「不離寂滅之

〔註102〕《憨山大師全集》卷七〈答傅金沙侍御〉，嘉興大藏經廿二冊，頁463。
〔註103〕見楊惠南先生《惠能》，頁82。
〔註104〕元宗寶《六祖大師法寶壇經》〈定慧品〉，嘉興大藏經第一冊，頁404。

場」與「頓到般若之岸」的嚴謹要求，歸宗於華嚴學的「以平等法界爲宗旨，以無障礙爲門」。其文曰：

> 古德云：盡大地是一卷經，盡大地是沙門一隻眼。以如是眼讀如是
> 經，盡未來際曾無間歇，又何去來之相、彼此之見哉？華嚴以平等
> 法界爲宗旨，以無障礙爲門，苟能悟此宗、入此門，無一物不播遮
> 那之體，無一聲不聞圓妙之音，無一時不修普賢之行，無一人不是
> 刹塵知識；是則光網三昧，舉目昭然；普眼真經，隨念具足。舉足
> 下步，不離寂滅之場；居塵出塵，頓到般若之岸。〔註105〕

憨山鼓勵學者深心去體會華嚴平等無礙的思想，他認爲欲相應於禪門古德之「盡大地是一卷經，盡大地是沙門一隻眼」的境界，華嚴是很好的通路。因爲華嚴的「以平等法界爲宗旨，以無障礙爲門」，除了可抿除過、現、未三際的「時間相」外，同時也破除了現象界動靜去來的「空間相」以及主客人我、彼此的「別異相」。禪者若能勘破這三相，那麼，即可稱「悟此宗、入此門」了。換言之，憨山是立足於一實修實證的工夫論角度上，認爲一個禪行者，若能身體力行「舉足下步，不離寂滅之場；居塵出塵，頓到般若之岸」這樣的禪修境界，則他也就同時是華嚴義理的奉行者；因爲毘盧遮那佛的光網普眼，在開悟的禪者行止中，本來就是昭然具足的。所以，憨山對於「行住坐臥是禪」，十分強調於一方面安住在惠能一行三昧的無住工夫論上，一方面融會於教內義學以爲禪修資糧。他所謂之「無一物不播遮那之體，無一聲不聞圓妙之音，無一時不修普賢之行，無一人不是刹塵知識」，其實亦正是惠能「行、住、坐、臥，常行直心」與華嚴學的一種絕妙結合。而諸如此類的結合，也足以明證：憨山在自性禪學的工夫論上面，確有一番與眾不同之匠心妙運！

（二）憨山之「作用見性」說

如前所述，華嚴思想認爲駁雜紛歧的現象界，在眞如本體的一心遍潤之作用下，都可以全部被轉化成一個眞常心周遍含容的平等法界。從「一即一切」言，眞常心是一切世間、器世間的源頭活泉；由「一切即一」來看，眞常心則又是收束一切分殊萬象的終極歸宿。這樣的觀念，在憨山而言，是被實際地驗證於日常生活中的。於〈示海闊禪人刺血書經〉一文裡，憨山就順著海闊禪人刺血寫《華嚴經》的緣起，生動地闡述他對這種華嚴理境的實踐

〔註105〕《憨山大師全集》卷一〈示念松通禪人〉，嘉興大藏經廿二冊，頁394。

心得，文曰：

> 毘盧遮那安住海印三昧，現十法界無盡身雲，說華嚴經，名普照法
> 界修多羅。若正報身，諸毛孔中放光明說；若依報世界，草芥微塵，
> 則塵說、剎說，如是演說盡未來際，無間無歇。如是之經充滿法界，
> 所謂一字法門海，墨書而不盡。今子以有限之身心，涓滴之身血，
> 若爲而盡書之耶？雖然，此經果不能書，則一切眾生絕分矣。且曰
> 法界之經，則凡在法界無非此經，若悟毘盧，以法界爲身，則自己
> 身心亦同法界。此則日用現前、動靜語默、拈匙舉著、嚏唾掉臂，
> 皆法界之大用。是則何莫而非書寫此經之時耶？若身同法界，則一
> 一毛孔皆悉周遍，如是則舉一滴之血，當與性海同枯矣。所以普賢
> 大士剝皮爲紙、析骨爲筆、刺血爲墨，量等法界。是則全經不出一
> 字，即書一字亦同全經，何況百軸之文！〔註106〕

這段文字，極容易令人聯想起憨山青年時期，也曾經有血書華嚴的宗教行爲，
不過那個時候的憨山，之所以選擇這樣的堅卓苦行，主要是爲求了悟生死之
大事，希望藉此剋期取證、且無負於少年出家的願望。而在面對海闊禪人時，
憨山的閱歷已臻練達、對華嚴也早有胸宕層雲的豐富詮釋了，其中，「悟毘盧，
以法界爲身，則自己身心亦同法界」的見解，是把華嚴禪化的一個重要關竅。
而這個關竅，即禪家所謂「作用見性」說。

關於作用見性，其實還是順著惠能「行、住、坐、臥，常行直心」的脈
絡來進行的。當「心」對應於「境」（行、住、坐、臥）時，不論此種對應是
相應行或非相應行，通通稱之爲「作用」。而禪者見性工夫，就在強調能否把
「常行直心」的觀法，確實地兌現在四威儀的心境雙忘的活動裡。因此，作
用見性的「見」應被理解爲動詞性質的呈現義或表現義，而「性」則指無住、
無念、無相的佛性本體，亦即華嚴之一眞法界性、或即如來藏自性清淨心。
憨山在此處雖未明言作用見性，但他實際上確以如此的理路，詮解華嚴「一」
與「一切」的觀點；所以，他一方面說「以法界爲身，則自己身心亦同法界」，
肯定個體的「一」與法界之「一切」的彼此相容，另一方面則又回溯禪者的
作用見性說，認爲「日用現前、動靜語默、拈匙舉著、嚏唾掉臂，皆法界之
大用」。這兩相鬥合，剛好天衣無縫！

由此可證知：憨山確已實實在在咀嚼了惠能「行住坐臥是禪」的英華，

〔註106〕《憨山大師全集》卷四〈示海闊禪人刺血書經〉，嘉興大藏經廿二冊，頁 427。

以充份落實於其禪觀禪行的語默動靜、日用修行之中。從中國禪宗發展之歷史觀之，將華嚴思想接引到禪學領域內，憨山並非第一人。圭峰宗密就曾為了強化荷澤神會的南宗禪法，以與北宗對抗，大手筆地綰合華嚴與禪；而永明延壽更試圖在《宗鏡錄》中，以禪淨兼修的立場消化華嚴思想。憨山以前的學者，似乎已能明白意識到華嚴學與禪之親密關聯。當然，憨山既自青年時期起，就私淑於清涼澄觀而以「澄印」自名，且圓寂前幾年尚以重編澄觀之《華嚴經疏鈔》為己任，認為「清涼乃此方撰述之祖，苟棄之，則失其宗矣」；〔註107〕可見華嚴思想對於他的禪思禪行，必定有絕對性之腋協加行的益助。所以，面對六祖以來「行住坐臥是禪」此一核心的課題，憨山乃順著自己偏向於華嚴的實踐模式加以體會，是非常可以理解的。而從這裡，我們亦可驗證憨山對於「教禪一致」的看法，的確已在具體的工夫落實當中，給予十分徹底的發揮。

　　歸結上述，此處可簡單地約化為三點結論：

　　第一、憨山對於「如來禪」之體會，一方面強調必須從實際之行持歷程著眼，所謂「要修而後入」；另一方面則主張楞伽四禪說之如來禪「即祖師禪。其實本無異」。前者就實際漸修立場言，後者就直下頓悟自心立場言。因此，憨山實際上是藉由漸修、頓悟合一的通路，以體會如來禪。這與時人喜將如來禪、祖師禪對立並懸為口談的膚闊流習，風格大不相同。而他亦以此會通儒佛二家，以回歸清淨真常自性之頓教法門為「頓悟漸修」的終極歸趨。所以，作為憨山自性禪核心之「頓悟漸修」說，是可以有兩方面的涵義：第一個涵義是指出「頓悟」只是工夫的開始，而非結果，它必須配合「漸修」才有完整的價值；這是從完整的實踐歷程所觀察的涵義。第二個涵義，則是直接從真常自性的當下開顯，看待「頓悟」與「漸修」，認為不論個體處於「頓悟」與「漸修」任一歷程狀態下，都可被預期在終極境界當中，契會於真常自性而見性成佛。

　　第二、憨山以為「宗通」與「說通」都是以取證本心為目的，而此本心正是「教」、「禪」所以能「一致」的關鍵，所謂「教詮一心，乃禪之本」故。所以，憨山是順著楞伽說、宗一體的方向，以言其「教禪一致」。這是憨山之能圓攝各種義學教理於其禪學的主要動力，因為在憨山之價值世界中，天臺、華嚴、淨宗都無非是「教詮一心」，而此「一心」者，就憨山之禪學體系言，

─────────────

〔註107〕見《憨山老人年譜自敘實錄》卷下，嘉興大藏經廿二冊，頁824。

即是禪的源頭活水｜眞常自性。所以，「教禪一致」說，在憨山自性禪學體系當中，不僅是作爲統會諸宗義學的核心中樞，而且也是轉化各種經教義理、還原於眞常自性的重要步驟。

第三、憨山對於「行住坐臥是禪」，十分強調於一方面安住在惠能一行三昧的作用見性中，一方面又融會於華嚴以爲禪修資糧。他所謂之「無一物不播遮那之體，無一聲不闡圓妙之音，無一時不修普賢之行，無一人不是刹塵知識」，其實亦正是惠能「行、住、坐、臥，常行直心」與華嚴學的一種絕妙結合。所以，憨山之「行住坐臥是禪」，就「理」論言，仍遵循著教禪一致的風格；就「事」修層面看，則是實實在在的觸類見道的觀照工夫。

以上是關於憨山自性禪學工夫論的論述，下一章爲本文結論。

第七章　結　論

　　本章爲全文之結論，爲方便綜結各項論點，本章主要分四節說明之，題名分別爲：第一節　憨山自性禪學之基本性格；第二節　憨山自性禪學之時代意義；第三節　憨山自性禪學對後世的影響；第四節　憨山自性禪學之優劣評價。其中，第一節是歸納憨山自性禪學的三大基本性格，即「重視自性本體之實證」與「強調融攝會通的精神」，以及「悲智雙運與見性成佛」。第二節則是從「看話禪之禪風」、「禪學的世俗性」以及「突破宗門法脈侷限」諸層面，凸顯憨山自性禪學之時代意義。其次，第三節是就憨山「教禪一致」與「禪淨雙修」的積極效應，以強調其自性禪對後世的影響。至於第四節，乃係依憨山自性禪學之「正面價值」與「內在侷限」，對其自性禪作出優劣評價。最後，則是本文的總結。

第一節　憨山自性禪學之實證性格

　　回顧本文對於憨山自性禪學的諸般層面之論述，可以掌握其基本性格爲三：第一、重視自性本體之實證；第二、強調融攝會通的精神；第三、悲智雙運與見性成佛。其中，第一是憨山自性禪本體與工夫的一體呈現，前述憨山的「頓悟漸修」、「本體遍在」、「行住坐臥是道」諸主張，皆表現此一性格。而第二，則可透過憨山之「教禪一致」、「唯心識觀」，乃至三教合一的見解，加以證實。至於第三，則是融合了憨山自性禪學的終極關懷（即「見性成佛」）與憨山之利他志業，點出憨山自性禪學的另一重要性格。底下，依序分別言之。

一、重視自性本體之實證

　　正如本文第二章第三節所稱，憨山對於晚明禪門之沒落衰微，有極深的感慨與力圖改革的決心。而當時禪門之沒落衰微，實乃參學者普遍習於「以知見作工夫」、「不識本心」所致。用《楞伽經》的「說通」與「宗通」來看，憨山當時趣好於參禪的人，之所以普遍無法得力，並非教理教義之「說通」不足，而是導因於缺乏實際的體驗和證悟，亦即「宗通」之禪行不足。如果從這個角度上來解讀憨山禪學，那麼，就可以很清楚地歸納出其禪學的一種基本取向，那就是：強調回歸自性本體的實參實證。憨山所有的著述當中，幾乎都或多或少地流露這種基本的性格。吳汝鈞在〈佛學研究與方法論〉中說道：

> 禪的傳統，與祖師們教人入禪的進路，都是遠離文字的，雖然它遺留給後世一大堆語錄的文字資料。「不立文字」是一般的說法，從哲學上言，是不經由觀念與理論，而直參直證。在這個意義下，實踐修行便有其特殊的意義。〔註1〕

雖然本文曾就憨山之思想淵源，賦予其禪學以教內外之多元性理論依據，並依「說通」之進路豐富其本體論與工夫論之內涵；然而，最終之「實踐修行」，才是真正的靈魂所在！

　　憨山在〈示福厚禪人〉中，就明示了這一實證自性的基本性格：

> 蓋出世人福田漸積而厚，至佛乃足。猶如積微塵以成大地，厚之至也。吾佛世尊從無量劫來，捨頭目隨腦、積功累行，乃得菩提。菩提為涅槃之安宅，福樂之極地也。苟不積何以至此哉？然如者，乃如如佛性，吾人本有，良由積劫煩惱侵蝕，故煩惱情塵日厚，而如如佛性薄矣。今既知佛性本有，不假他求，從此日用念念知歸，但見情塵起處，以智光照之。久久純熟，則佛性厚而煩惱薄，煩惱薄而業障輕，業障輕而生死斷。是由積真如以斷生死，求證菩提，享常樂我淨之厚福。豈非由積而至耶？故曰：水之積也不厚，則負大舟也無力。〔註2〕

由這段話可知，憨山非常強調日常生活「漸積」、「積功累行」的實踐工夫，而一切工夫之目的無他，正是取證吾人本有之「如如佛性」。楊惠南先生〈惠能及其後禪宗之人性論的研究〉曾指出：

〔註1〕語見《佛光學報》第4期，頁286。
〔註2〕《憨山大師全集》卷四〈示福厚禪人〉，嘉興大藏經廿二冊，頁425。

惠能後的南禪，一者由於受了金剛經的加深影響；二者又由於道家
化之牛頭禪的大量引入禪宗。使得南禪的人性論，起了一大轉變，
相信1、眾生本來是佛；2、平常心是道（或「觸類是道」）。〔註3〕

憨山是否直接承傳了神會南禪，或須另文析辨。但他的自性禪圓滿結合了「眾
生本來是佛」與「平常心是道」之神髓，而凸顯出回歸於自性本體之實證風
格，則無疑義。

二、強調融攝會通的精神

　　憨山自性禪學另外一個基本的性格，即是其面對教內、教外多元思想時，
始終能回應以寬容廣度之融攝會通的態度。在〈西湖淨慈寺宗宗鏡堂記〉一
文中，憨山即曾針對唐宋以來的禪宗，陷入「禪教相非」、「性相相抵」的情
形，有過這樣的描寫：

> 佛滅後西域諸師，以唯心、唯識，立性、相二宗。冰炭相攻，以至分
> 河飲水、破壞正法。及大教東來，不三百季，而達摩西來，不立文字、
> 直指人心、見性成佛，是為禪宗。於是遂有教外別傳之道。六傳至曹
> 溪，而下南岳青原，次為五宗。由唐至宋，其道大盛。於是禪教相非、
> 性相相抵，是皆不達唯心唯識之旨，而各立門戶。〔註4〕

佛教本身教義上，之所以產生八萬四千法門的不同，最初緣起原是因為釋迦
因機設教、方便說法所致。然而釋迦滅度後，竟然演變成不同法門間的各立
山頭、「冰炭相攻」，則乃始料未及。所以，憨山藉〈西湖淨慈寺宗宗鏡堂記〉
一文，除表達他個人對於永明延壽「以一心為宗，炤萬法為鏡」的用心，極
表崇敬之外；也積極論陳他統攝諸宗、躡跡孔老，「無一物不是佛心，無一法
而非佛事，無一行而非佛行」之強烈融攝意圖：

> （永明）以一心為宗，炤萬法為鏡；撤三宗之藩籬，顯一心之奧義。
> 其猶懸義象於性天，攝殊流而歸法澥。不唯性相相融，即九流百氏、
> 技藝資生，無不引歸實際。又何教禪之不一、知見之不泯哉？……
> 由是（此「是」，依憨山文義，乃指華嚴之海印三昧）觀之：無一物
> 不是佛心，無一法而非佛事，無一行而非佛行。一切諸法，安有纖

〔註3〕語見《哲學與文化》第14卷第6期，頁392。
〔註4〕《憨山大師全集》卷十三〈西湖淨慈寺宗宗鏡堂記〉，嘉興大藏經第廿二冊，
　　　　頁522。

> 毫出於唯心之外者乎？是知宗鏡之稱，以一心炤萬法，泯萬法歸一
> 心，則何法而非祖師心印？又何性相教禪之別？〔註5〕

所謂「撤三宗之藩籬，顯一心之奧義」，是從「教內」的層面立言；而「九流百氏、技藝資生，無不引歸實際」，則渾括以「教外」諸如孔孟老莊思想言。本文前述各章之論列，事實上已清楚交待了憨山自性禪學在教內外之融攝成就。

首先，從教內的層面來看，正如前述，唐宋以降之禪宗，往往自苦於門派分歧，機鋒話頭亦常落入空中指月，淪於自由心證而缺乏經教憑據。尤有甚者，頑執抱守宗門法系者，又常引發不同派別間之禪諍內鬨，對於禪宗原先所標榜的明心見性之實修實證，根本力不從心。因此，憨山對於自己的派系法統，一向不予重視，他只關心如何拯救禪門之墮落，給予禪學新的詮釋。於是，依於「性相合會」、「教禪一致」的理念，憨山有意識地融攝會通當時佛門顯學，使臺、賢、禪、淨的阡陌，均能在禪學的自性本體當中消解，並全部將之轉化爲禪修之實踐依據，這使得原本已走入槁木死灰的晚明禪門，得以又重現生機，再湧現禪的原始活力。而這也正是「撤三宗之藩籬，顯一心之奧義」的具體實踐。

其次，由教外的層面來看，「三教合一」的思想，雖然明代初期透過皇族的極力倡導，風偃天下；但其重心卻只在於安輯撫慰民間宗教的形式意義上，無其實質。而憨山則以「唯心識觀」的本質性通路，跨越禪門傳統經教的界域、躡跡孔老，著疏《大學》、《左氏春秋》、《老子》、《莊子》等儒道典籍，建立了一套以自性本體爲輻射核心的理論、圓滿結納系統外之儒道思想，並予以工夫境界上之層序定位。所以，由教外的層面來看，憨山強調「九流百氏、技藝資生，無不引歸實際」之融攝會通的精神，亦相當明顯。

三、悲智雙運與見性成佛

其次，透過本文上述各章節之論介，我們也可以清楚地意會到，憨山自性禪學其實處處都在凸顯一個終極的關懷，那就是──「見性成佛」。實際上，這個禪學性格，就中國禪宗史而言，應可溯源於惠能；在《壇經》〈付囑品〉中，六祖即曾有「自性眞佛偈」曰：

> 眞如自性是眞佛，邪見三毒是魔王，邪迷之時魔在舍，正見之時佛

〔註5〕《憨山大師全集》卷十三〈西湖淨慈寺宗宗鏡堂記〉，嘉興大藏經第廿二冊，頁522。

在堂。性中邪見三毒生，即是魔王來住舍，正見自除三毒心，魔變
成佛眞無假。法身報身及化身，三身本來是一身，若向性中能自見，
即是成佛菩提因。本來化身生淨性，淨性常在化身中，性使化身行
正道，當來圓滿眞無窮。淫性本是淨性因，除淫即是淨性身，性中
各自離五欲，見性刹那即是眞。今生若遇頓教門，忽悟自性見世尊，
若欲修行覓作佛，不知何處擬求眞。若能心中自見眞，有眞即是成
佛因，不見自性外覓佛，起心總是大癡人。〔註6〕

惠能認爲自性當中，不但具足「法身報身及化身」，而且內涵一切「成佛菩提
因」，只要能自見本性，當下即可見性成佛。事實上，這個表達底層，蘊藏了
惠能深刻無比的禪悟經驗；成佛，在禪宗而言，並不是理論上的假定或預設，
而是眞眞實實的一種生命呈現。此歷驗於憨山上述之自性禪學，更可得到證
實。例如，在《法華經擊節》之中，憨山便曾透過工夫論之「頓悟漸修」說，
表述了見性成佛的終極關懷：

所謂頓悟漸修者也，以一念頓悟自心，與佛無二，即名見性成佛。
尚有無始以來歷劫塵沙煩惱無明，未能頓淨，故須經歷多劫，方能
究竟。〔註7〕

在憨山心目中，每一個人都是一位可能的佛，而其自性禪工夫論中所標榜之
「頓悟漸修」，如本文所言者，乃代表著行者由無明的掙扎以至見性成佛的轉
醒過程。而憨山認爲：只要這個過程能到達「一念頓悟自心，與佛無二」的
境地，在一念的當下，即可成就自性本具的大解脫，而見性成佛。從這個地
方，我們又可以重新兜回憨山「即本體即工夫」的方法論模式，肯定憨山對
於「見性成佛」的實際體驗深度；而且，配合上「悲智雙運」的實踐，又會
使「見性成佛」的意義更形彰顯。《金剛經決疑》中，憨山在註解「如來善護
念諸菩薩」一語時，即說道：

以佛出世本願，只欲令一切眾生與佛無異，人人成佛，方盡此心。
但眾生德薄垢重，心志怯弱，不能擔荷。如嬰兒一般，佛如慈母之
護念嬰兒，則無一息放下，種種周悉調護愛念，故如保赤子。所謂
護念，只欲一切眾生，直至成佛而後已。〔註8〕

〔註6〕 元宗寶《六祖大師法寶壇經》，嘉興大藏經第一冊，頁413。
〔註7〕 憨山《法華經擊節》，卍續藏經第四十九冊，頁785。
〔註8〕 憨山《金剛經決疑》，卍續藏經第卅九冊，頁115。

「出世」的智慧，加上「如慈母之護念嬰兒」的慈悲心，正是「悲智雙運」
的一種表達。憨山註文中提到，佛的本願是希望「一切眾生與佛無異，人人
成佛」的，此處，「悲智雙運」正是佛用以護持一切眾生「見性成佛」的方法。
而揆諸憨山一生之宏法利生志業，舉凡興復曹溪祖庭、大量著述教內外典籍，
乃至對於緇白四眾、羽士道徒、塵井凡夫之方便接引，都可以證明「悲智雙
運」的實踐，確是憨山其人的一大特質；即使他面對的是瀕於萎縮危境的晚
明禪門，此一要求仍未放棄。所以，依「悲智雙運」而論括於憨山自性禪學，
也十分恰當。

因此，「見性成佛」，當然是憨山禪學的神髓；而加上「悲智雙運」的實
踐，則更可清晰勾劃出憨山重視實證與利他的基本性格。

總之，回歸於自性的實踐，融會佛法世學的取向，以及悲智雙運與見性
成佛的結合，是憨山自性禪的三大基本性格。這是我們在解讀憨山禪學時，
不可輕略的重要綱領。

第二節　憨山自性禪學在晚明之時代價值

如果透過晚明的佛教環境，重新過濾本文各章之論述，筆者以為，憨山
禪學在看話禪、世俗傾向以及突破宗門法脈局限的時代意義上，最值得加以
強調。所以，底下依「重振看話禪之禪風」與「凸顯禪學的世俗性」，以及「突
破宗門法脈局限」分別說明之。

一、重振看話禪之禪風

鄧克銘〈大慧宗杲禪師禪法之特色〉文謂：

> 如何重新提振學者，直指人心、見性成佛，恢復日漸消失的禪門活
> 力。正是大慧所關心的。參趙州狗子無佛性這個話頭，就是大慧提
> 出的答案。這是大慧在禪宗教學史上的一大見識。[註9]

「直指人心、見性成佛」這種明心見性的實踐，原本就是宗杲看話禪最足以
吸引人的地方。楊惠南先生〈看話禪與南宋主戰派之間的交涉〉，亦如此道出
宗杲之看話禪，與乃師克勤之傳統公案禪的最大不同：

> 宗杲與之前公案禪最大不同在於：公案禪主要的工作，是透過語言

〔註9〕語見《中華佛學學報》第1期，頁288～289。

文字的概念分析和解說，來（概念地）了解「公案」的「意義」，而
不是用來「參（究）」。這和宗杲把「公案」僅僅拿來「參（究）」，
而不做哲理的概念的分析解說，甚至反對弟子們研讀經典（當然包
括古人公案）的作法，顯然有很大的不同。〔註10〕

宗杲看話禪的主要特點，就是拿公案來「參（究）」，而非作意義概念的了解。

　　然而，宗杲這種直截參究的禪風，卻也在無形之中，遠離了禪宗活潑任
運的精神，正如蔡榮婷《景德傳燈錄之研究──以禪師啓悟弟子之方法爲中
心》所說的：

綜觀禪師的啓悟法，了無定軌可循，均是依學生之程度，靈活運用
萬物萬象，以彰顯道。所以，自世俗諦言，禪師應是最活潑的教學
者。〔註11〕

「了無定軌可循」以及「靈活運用萬物萬象，以彰顯道」的傳統，在宗杲手
底，就跟著《碧巖錄》一樣地被焚爲灰燼。所以，楊惠南先生便因此認爲看
話禪實際上已完全喪失了禪的「活潑、自在的特性」：

宗杲的看話禪卻把禪法限定在「現成公案」的參究之上，禪的活潑、
自在的特性，完全喪失殆盡。〔註12〕

而憨山當時，禪門仍普遍流行看話禪；憨山個人的修行工夫，如本文第六章
所舉證者，亦多得益於看話禪。但是，憨山的看話禪，在運用的廣度上，卻
與宗杲截然不同。在〈示參禪切要〉之中，憨山說：

大慧專教看話頭下毒手，只是要你死偷心耳。如示眾云：參禪惟要
虛卻心，把生死二字貼在額頭上。如欠人萬貫錢債相似，晝三夜三、
茶裡飯裡、行時住時、坐時臥時，與朋友相酬酢時、靜時鬧時，舉
個話頭「狗子還有佛性也無」，州云「無」。只管向個裡看來看去，
沒滋味時，如撞牆壁相似，到結交頭，如老鼠入牛角，便見倒斷也。
要汝辦一片長遠身心，與之撕挨；驀然心華發明，照十方刹；一悟
便徹底去也。此一上，是大慧老人尋常慣用的鉗錘。其意只是要你
將話頭堵截意根下，妄想流注不行。就在不行處，看取本來面目。

〔註10〕語見《中華佛學學報》第7期，頁211。
〔註11〕見《景德傳燈錄之研究──以禪師啓悟弟子之方法爲中心》，頁149。
〔註12〕語出楊惠南先生〈看話禪與南宋主戰派之間的交涉〉，中華佛學學報第7期，
　　　　頁209。

不是教你向公案上尋思。當疑情討分曉也。〔註13〕

他認為宗杲看話禪的原始精神，是要在妄想止息之處，「看取本來面目」；絕非僅是教人專在古人公案上頭，「當疑情討分曉」那樣的無趣。因為，憨山認為，參話頭是參「本來面目」之所在，舉凡生活周遭、情器世間，甚至任何一切萬法，都可以是參話頭的實際運用；而且，這樣的參話頭，是「定」、「慧」等持的，絕不是像宗杲一般偏重於「慧」的一面。〔註14〕例如，他回答當時一位禪密兼修的行者玄機，解釋何以持準提咒卅年仍不見效的原因時，就把三密相應的持咒法門，當成話頭來參：

> 禪人持明三十年不見效者，不是咒無靈驗，只是持咒之心未曾得力。尋常如推空車下坡相似，只管滾將去，何曾著力來？如此用心，不獨今生無驗，即窮劫亦只如此。及至陰境現前，生死到來，依然眼花撩亂，卻怪修行無下落，豈非自誤自錯耶？禪人從今不必改轉，就將持咒的心作話頭，字字心心，著力挨摩，如推重車上坡相似，渾身氣力使盡，不敢放鬆絲毫，寸寸步步，腳跟不空。如此用力時，只逼得妄想流注，塞斷命根，更不放行。到此之時，就在正著力處，重下疑情，深深覷看，審問只著用力持咒的，畢竟是個甚麼？覷來覷去、疑來疑去，如老鼠入牛角，直到轉身上氣不得處，如此正是得力時節，切不可作休息想，亦不得於此為難生退息想。及逼到一念開豁處，乃是電光三昧。……若能如此持咒與參禪豈有二法耶！所以道「俱胝（指準提咒之主尊，即觀音變現之七俱胝佛母）只念三行咒，便得名超一切人」，便可證明。即親見佛祖，亦不易老人之說也。〔註15〕

此處，是將密宗身口意三密相應的定境，銜接上禪宗「歷境驗心」的般若智慧。憨山要求玄機將三密相應「持咒的心」，當作話頭來參究；而且，要杜清過去「只管滾將去，何曾著力來」的習性，懇切得力、「渾身氣力使盡，不敢

〔註13〕《憨山大師全集》卷三〈示參禪切要〉，嘉興大藏經廿二冊，頁410。
〔註14〕楊白衣〈看話禪之研究〉便認為：「客觀地說，大慧的看話禪也有許多值得評估之所在。但禪絕不許偏向一邊，而必須步履中道。依一般的說法，對默照禪之以定為主，看話禪是以慧為重的。不過定慧原本不二，若有慧而無定，則為凡夫的智慧；若有定而無慧，則為死禪，毫無用處。」楊語見《華岡佛學學報》第4期，頁31。
〔註15〕《憨山大師全集》卷四〈示玄機參禪人〉，嘉興大藏經廿二冊，頁422。

放鬆絲毫」地參究持咒之心。如此一來，定慧雙運，最後「持明」必可靈驗見效。從這個角度來看，憨山的看話禪確已超越了宗杲原有的格局，而有了更廣袤的靈活運用，成爲傳統禪學與宗杲禪的新結合。

因此，憨山的自性禪學雖以宗杲爲基礎，實際上則尤有進之。

二、凸顯禪學的世俗性

江燦騰《晚明佛教叢林改革與佛學諍辯之研究——以憨山德清的改革生涯爲中心》指出，晚明佛教之學術特質在「世俗化」。〔註16〕這一點，筆者十分贊同。而所謂世俗化，在憨山自性禪學言，可以從三個角度加以勘驗：第一是就其禪學與孔孟老莊世學的關係上著眼，愈能夠證明禪學與世學的密切關聯，世俗取向就愈大。第二則是實際透過其禪學的核心部份觀察，愈能夠呼應於現實生活的，則世俗性便愈高。至於第三，我們可針對憨山眞實的生命歷程而予以檢查，倘若能與當時的社會現實緊密搭接者，也可因此肯定其世俗傾向。在本文第五章第二節中，其實我們已經對於憨山自性禪學與儒道世學之密切關聯，做了相當詳細的論證，此處當然沒有任何的疑義。而關於禪學的核心部份，我們也臚述了憨山「本體遍在」說與「行住坐臥是禪」的核心思想，這部份的思想，實際上都有一種指向於現實生活的純化與提昇的意義。陳榮波先生〈禪與維根斯坦的後期思想比較〉即以「生活的宗教」一語，說明此一世俗性的涵義：

> 禪宗認爲世上的一草、一木、一指，甚至一拂、一棒、一喝，皆可用來表示禪機。禪不離開「行、住、坐、臥」的實際生活面。禪宗可說是一種生活的宗教，它可使人去除一切概念與系統的自我束縛，而形成一種哲學與文學藝術合而爲一的一種眞正哲學的生活與人生。換言之，禪宗是以把捉著事物的本相，而啜取活生生的生命之源泉，爲其內涵。〔註17〕

憨山自性禪學的確是一種不離於實際生活面的哲學，他的「本體遍在」說賦予一切有情、無情以本體的意義，「行住坐臥是禪」則眞實把捉事物本相，以

〔註16〕語見江燦騰《晚明佛教叢林改革與佛學諍辯之研究——以憨山德清的改革生涯爲中心》，頁4。「世俗化」一語，在江氏的理解中，是透過晚明叢林復興運動以及禪僧間的諍辯而形成的。而本文的立場，則從憨山禪學的內在理路加以證實。這是本文與江氏之不同所在。

〔註17〕語見《佛光學報》第5期，頁70。

成爲「一種眞正哲學的生活與人生」。所以，我們確實可以肯定憨山禪學的世俗性取向。

至於憨山眞實的生命歷程，是否一樣也表現了這種特質？本文附錄中，曾記載憨山自萬曆廿三年起，即因爲祈儲案而被誣繫獄，中間還曾先後被充軍流戍於雷州、南韶諸地，直至萬曆卅四年，才蒙赦開伍〔註18〕的經過。這十餘年之充軍流戍，實際上也是促使憨山禪學走向現實社會的重要關鍵。在〈將之雷陽舟中示奇侍者〉文中，他說：

> 余比以弘法罹難，上干聖怒，如白日雷霆，聞者掩耳。自被逮以至
> 出離，二百餘日。備歷苦事不可言，從始至終，自視一念歡喜心，
> 竟未減於平昔。觀者莫不驚異。〔註19〕

對於自己的冤屈以及備歷不可言狀之苦事，憨山都以「弘法罹難」而甘心承受，而且「自視一念歡喜心，竟未減於平昔」，令所有見聞者無不歎服驚異。所以，荒木見悟〈陽明學與現代佛教〉文中，便如此贊歎憨山：

> 他（指憨山）不拘於僧形之有無，又世俗之毀譽褒貶，也不在眼中。
> 唯忍受著與濟度眾生俱來的任何屈辱，而向佛教精神之社會化，實
> 現邁進。〔註20〕

那麼，從這個意義上來看，憨山現實的生命歷程當中，也確實有強烈的世俗傾向。

憨山另於〈示素大塗〉文中，又如此說道：

> 世之士紳，有志向上留心學佛者，往往深思高舉，遠棄世故，效枯
> 木頭陀，以爲妙行，殊不知佛已痛呵此輩，謂之焦芽敗種，言其不
> 能涉俗利生。此正先儒所指虛無寂滅者，吾佛早已不容矣。佛教所
> 貴在乎自利利他，乃名菩薩。〔註21〕

憨山對於「深思高舉，遠棄世故」的學佛者，態度上是相當反感的。何以故？因爲「涉俗利生」、「自利利他」的佛學，才是他心目中眞正認同的佛學；而遠離人群的山林佛教，實際上仍有「焦芽敗種」譏嫌。同樣的，我們從憨山禪學當中所導引出來的世俗性傾向，也不是一種自了漢的意義，它必須呼應

〔註18〕見本文附錄之「壯年時期」一節。

〔註19〕《憨山大師全集》卷一〈將之雷陽舟中示奇侍者〉，嘉興大藏經廿二冊，頁387。

〔註20〕語見荒木見悟撰，釋如實譯〈陽明學與現代佛教〉，佛光學報第4期，頁185。

〔註21〕《憨山大師全集》卷一〈示素大塗〉，嘉興大藏經廿二冊，頁403。

在憨山「涉俗利生」與「自利利他」的前提下，方具有實實在在的時代意義！

三、突破宗門法脈侷限

　　中國禪宗在發展初期，其實並沒有十分嚴格的法脈傳承系統。只要能明心見性，有無師承法源並不重要。如前述永嘉玄覺與惠能之彼此印心、共證「無生」一樣，兩人嚴格說起來並沒有正式的師弟關係。又如慧風〈牛頭法融與牛頭禪〉文所稱，牛頭法融雖師承道信，但卻是以江南玄學化的禪法與「達摩心法」相呼應：

> 南宗北宗起自弘忍門下，牛頭禪直承達摩心法於道信，與弘忍東山
> 法門并峙，不落南北二宗圈子。〔註22〕

由此觀之，中國的禪宗在剛開始時，確實是以「明心見性」爲第一優先考慮，至於法脈何自、宗門何屬，禪者實際上並不十分看重。

　　而相對的，反觀於晚明禪門，正如第二章第三節所說的，真修真悟的禪者寥寥可數，禪門內部又隨著傳承系統的逐漸形式化，演變出「冬瓜印子」式的荒誕禪風，其萎靡窳濫的程度，任何有識者都難以見容坐視；黃宗羲在《明儒學案》「文肅趙先生大洲學案」按語中，就以一個儒者的角度，非常嚴厲地痛批這個弊害，他說：

> 朱子云：佛學至禪學大壞。蓋至於今，禪學至棒喝而又大壞。棒喝
> 因付囑源流，而又大壞。就禪教中分之爲兩：曰如來禪；曰祖師禪
> 者。先儒所謂語上而遺下，彌近理而太亂真者是。祖師禪者，縱橫
> 閻闔，純以機巧，小慧牢籠出沒其間，不啻遠理而失真矣。今之爲
> 釋氏者，中分天下之人，非祖師禪勿貴。遞相囑付、聚群不逞之徒，
> 教之以機械變詐，皇皇求利。其害豈止於洪水猛獸哉！故吾見今之
> 學禪而有得者，求一樸實自好之士而無有。假使達摩復來，必當折
> 棒噤口、塗抹源流，而後佛道可興。〔註23〕

文中所謂「付囑源流」者，正是指著晚明「冬瓜印子」式的窳濫禪風。黃宗羲對於禪師們的「付囑源流」提出沉痛的糾彈，認爲禪門至此，已如同「機械變詐，皇皇求利」之洪水猛獸一般。假如達摩再度東來，必定「折棒噤口、塗抹源流」，將禪門流弊一掃而盡。

〔註22〕語出《現代佛教學術叢刊之3》，《禪學論文集》，頁36。
〔註23〕黃宗羲《明儒學案》卷卅三「文肅趙先生大洲學案」，頁2。

　　而同樣的，在禪門中，亦不乏反省的聲音。其中，最具代表性的，便是與憨山同時的博山無異禪師；他在〈宗教答響〉文中，如是言：

> 蓋宗乘中事，貴在心髓相符，不獨在門庭相紹。故論其絕者，五宗皆絕；論其存者，五宗皆存。果得其人，則見知聞知，先後一揆，絕何嘗絕？苟非其人，則乳添水而味薄、鳥三寫而成馬，存豈真存？如居士所問，取之嚴者，得之必精；得之精者，傳之必遠。予意正然，不意居士亦見及此。所以寧不得人，勿授非器。不得人者，嗣雖絕而道真，自無傷於大法；授非器者，名雖傳而實偽，欺於心、欺於佛、欺於天下，一盲引眾盲，相牽入火坑。將來鑊湯爐炭、劍樹刀山，知是幾多劫數？有智之士，寧可碎身如微塵，決不肯造此無間業也！〔註24〕

博山無異主張禪門之傳承，應突破「門庭相紹」的規轍，而改易以「心髓相符」的新義。他認為在宗門中尋找「心髓相符」的人，必須嚴格而謹慎。而其強調的原則，是「寧不得人，勿授非器」。寧可在沒有傳人的情況下，「嗣雖絕而道真」，無損於佛法；也不願胡亂傳承衣缽，「名雖傳而實偽」，導致五無間的惡果！

　　不過，雖然博山無異有如此的覺醒，他自己也還畢竟是門庭中人。他的反省無論如何有力，終究跳不出傳統「門庭相紹」的規轍。所以，能夠真正對此一時代弊病，做出實際行動回應的，便是像憨山這樣子「法嗣不詳」的人。

　　在〈達觀大師塔銘〉中，憨山謂：

> 國初楚石無念諸大老後，傳至弘正，末有濟關主，其門人先師雲谷和尚而典則尚存。頃五十年來，獅絃絕響；近則蒲團未穩、正眼未明，則妄自尊稱臨濟幾十幾代。於戲！邪魔亂法，可不悲乎？予以師（指達觀紫柏）之見地，足可遠追臨濟、上接大慧之風；以前無師承，未敢妄推。若據堯舜之道，傳至孔子、孟軻，軻死不得其傳，至宋二程直續其脈；以此證之，則師不柰為轉輪真子矣。姑錄大略，以俟後之明眼宗匠、續傳燈者采焉。〔註25〕

在他的心目中，達觀紫柏雖然「前無師承」，沒有形式上的法嗣傳承，但「見地」卻已「遠追臨濟、上接大慧」。所以，正如伊川、明道遠紹孔孟之學一般，

〔註24〕《博山無異禪師廣錄》卷廿三〈宗教答響〉第三，嘉興大藏經第四十冊，頁402。
〔註25〕《紫柏老人集》〈達觀大師塔銘〉，嘉興大藏經第二十二冊，頁164。

紫柏也可視為是承襲了臨濟、宗杲的禪法衣缽。而憨山這一態度，正代表著一種精神慧命上的法脈觀念，它不同於當時形式意義的衣缽師承，憨山的慧命法脈，是決定於自性之取證。

由此看來，則憨山自己雖不在意於形式的宗門法脈之說，然而他的自性禪學，卻已在慧命的向上提撕之中，接上了禪宗明心見性的原始法流。

以上，我們分別由「重振看話禪之禪風」、「凸顯禪學的世俗性」，以及「突破宗門法脈之侷限」，說明憨山自性禪學之時代意義。就憨山自性禪而言，他運用「行住坐臥是道」與「定慧等持」的方式，重新型塑當時漸趨衰微之宗杲看話禪，使看話禪在晚明，成為禪宗的代名詞，影響至今；這一點，堪稱是憨山自性禪學對晚明佛教最顯著的貢獻。其次，醞釀在他的禪學當中的「涉俗利生」思想，也呼應於他的各種禪學面相以及實際行動，而成為世俗性的禪學傾向。這個世俗傾向，在明初以降的山林佛教氛圍當中，也是非常值得我們重視的一種異數。如果說晚明的佛教復興運動是有中心點的話，則世俗傾向的佛學，當最居其關鍵。至於面對晚明禪宗極為人垢詆之門庭法脈積弊，憨山則以其禪學之自性實證，指出一條不受制於形式法脈的精神慧命通路，不僅突破了當時氾濫的門庭規轍，亦且為法脈說注入「明心見性」的活力。

第三節　憨山自性禪學對對中國佛教的影響

清代禪僧道澄曾說：

> 戒要嚴，禪要細，三藏經書指路徑，彌陀一句純心地。超生脫死定參禪，見性明心出苦趣。〔註26〕

這表達了道澄的禪觀禪行，是與「三藏經書」以及「彌陀一句」完全融合在一起的。如果易以本文所使用的術語來看，則前者是指向於「教禪一致」、後者則為「禪淨雙修」。實際上，道澄的見地在清代禪門當中，並不突兀；幾乎當時的禪門中人，都普遍有這樣的見地。而這裡，正可看出憨山自性禪學對後世的影響所在。

一、「教禪一致」的積極效應

鄭學禮於〈禪、維根斯坦與新正教神學──禪宗傳達真理的問題〉文指出：

〔註26〕清德儒《空谷道澄禪師語錄》卷二，嘉興大藏經第卅九冊，頁943。

> 禪師心目中，佛典並不是字字珠璣。客觀的說，有些字句可能是錯
> 誤的。……雖然禪家否認有絕對正確的語言、以及對真理的命題概
> 念。但是他們也承認從約定俗成的觀點而言，語言文字並不是毫無
> 用處的。在日常生活中，我們需要使用語言的陳述。……禪家警戒
> 學人，切勿從表面意義來解釋經典中的命題，同時他們也主張，如
> 果適當地理解、處理這些命題，則它們可能做為真理的見證，甚至
> 可能提供悟道的機緣。〔註27〕

鄭學禮認為：「不立文字」的禪宗，對於經典當中指涉的命題，基本上並不是排斥的，只是，經教義學必須經過一番的「適當地理解、處理」，才能成為見證真理或提供悟道的機緣。這一見解，大方向上已頗吻合了本文前述關於「教禪一致」說的看法。然而，究竟甚麼途徑才是「適當地理解、處理」？本文第六章第二節二、嘗言及宗密之教禪一致說，乃係「因應於禪宗與華嚴教理的統會需求而誕生」，此乃唐末教禪一致說所特取的處理方式；但這在憨山言，則又有不同，憨山是通過楞伽「說通」、「宗通」一體的方式，來解讀教禪一致；而不論言經「教」或言「禪」悟，憨山都強調：就其洞明本心、實證本心的終極歸趨言，「教」、「禪」是完全一致的。所以，憨山對於經教義學的「適當地理解、處理」，是酌衡於能否切應於自性之實證。

憨山這一重視自性實證之「教禪一致」論點，對後代的影響，延伸到了很多層面。其中，影響層面最廣且深刻的，是重新豁醒了禪行者對於佛教經律論三藏的本體性認知；例如憨山之隔代傳人藕益智旭，即曾殫盡心腦，披閱大藏經，且於圓寂前之三四月，寫成《閱藏知津》，在〈閱藏知津敘言〉中，智旭說：

> 竊謂禪宗之有三藏，猶奕秋之有棋子也。三藏之須禪宗，猶棋子之
> 須活眼也。均一棋子也，善奕者則著著皆活，不善奕者則著著皆死。
> 均此三藏也，知佛心者，則言言皆了義；不知佛意者，則字字皆瘡
> 疣。〔註28〕

經律論三藏，如能以「佛心」（即自性本心）貫通，那麼，三藏就是活的。如果不懂得銷歸佛心自性的訣竅，則三藏將只會淪為「字字皆瘡疣」的死物。

〔註27〕鄭學禮撰，釋若學譯〈禪、維根斯坦與新正教神學｜禪宗傳達真理的問題〉，
　　　　哲學與文化第 15 卷第 4 期，頁 45。
〔註28〕藕益智旭《閱藏知津》〈敘言〉，嘉興大藏經第卅一冊，頁 771。

智旭之會閱大藏，其實就是憨山「教禪一致」論點的具體落實。

又清代通天澹崖原禪師，駐錫普陀山鎮海寺時，亦嘗謂：

> 或謂我佛有云：吾四十九年住世，未曾説得一字。則烏用三藏十二
> 部一切修多羅也哉？予曰：若言我佛有所説法，則爲謗佛，是人不
> 解佛所説義；若言此經不是佛説，則爲謗經。此大藏之所以貴乎流
> 通也。普陀山鎮海寺，佛成矣，僧集矣，雖同悟教外別傳之旨，而
> 佛法僧三寶，缺一不可。何以言之？禪爲教髓，教爲禪詮，教之與
> 禪，非有二也。〔註29〕

在通天澹崖原禪師的心眼中，佛教之經律論三藏與「教外別傳之旨」，是相資相成、缺一不可的。由此可見，在憨山之後，佛門行者已普遍認知到禪宗與經典教義的一致性，而能在觀念上及實際之行動上，接受教禪一致的看法。

其次，憨山此一「教禪一致」論點，因爲證成了「教」與「禪」在取證本心活動上的一致性，所以，「教」與「禪」便逐漸延伸爲同質性的關係。清代禪僧普遍均有之「禪即是教」、「教即是禪」見解，即是演化於此。逕庭宗禪師曾説道：

> 禪即是教，如水成波。教即是禪，似波成水。非教無以明其禪，非
> 禪無以宗其教。珠走盤而盤走珠，縱橫無礙；月映水而水映月，往
> 復何殊？〔註30〕

「教」與「禪」兩者都可通向本心，亦均被視爲本心，而且彼此可以互相印證、出入無礙，所謂「縱橫無礙」、「往復何殊」者，正代表教禪二者的同質性關聯。

另外，針對於禪宗在延伸層面上，與各宗義學的結合，「教禪一致」說也有積極的影響力。例如頻吉祥禪師回答行者「華嚴法界義」時，便以禪家觸類是道、「破一分無明，顯一分智慧」的實踐方式，據以作答，其語錄曰：

> 承以華嚴法界義，詢愚所解。雲峰住持事繁，居士不妨自詢自解，
> 看他理與事如何，便得無礙。據實而論：事有萬差，理無二致；若
> 言理也，盡十方法界，光皎皎地無些毫過患、無些毫少剩分限無紀
> 記焉。得與一切差別大小長短好惡的事，相融無礙。但時中如此著
> 隻眼，向頭頭法法上怎麼看去，倘一時觸著一事，與理相融了，然

〔註29〕清明德《通天澹崖原禪師語錄》卷二，嘉興大藏經第卅九冊，頁694。
〔註30〕清行淡《逕庭宗禪師語錄》卷上，嘉興大藏經第四十冊，頁44～45。

> 後不須問人，你自知相即門、相入門、相遍門，乃至因陀羅網門，
> 罔不涉入。若要更問事事無礙，且待山僧檢點山中一切繁雜的石頭、
> 土地、竹絲、木屑了，緩緩來與汝商量。〔註31〕

通過這種「檢點山中一切繁雜的石頭、土地、竹絲、木屑」之破執顯智的實踐（在憨山言，即是定慧等持、止觀雙運的工夫），禪可以相侔於華嚴，共同趨證於一真法界性（即憨山之本心），圓說法與法之間互緣融通的事事無礙境界。而這種禪與各宗義學、乃至經律論三藏，在自性實證上的融攝，正是憨山禪學的基本性格，也是其「教禪一致」說的精髓所在。

總之，從智旭到頻吉祥，都可以證知他們與憨山一貫相承的脈絡。憨山教禪一致的論點，的確在後世產生了正面的效益。

二、推動「禪淨雙修」的潮流

楊白衣〈清代之念佛禪〉文指出，禪與念佛的結合，乃始自佛馱跋陀羅（359～429，譯為覺賢、覺見、佛賢）來中國譯出《達摩多羅禪經》，提倡「觀佛三昧」之後。〔註32〕而其理論的成熟，則見於永明延壽，施仲謀《永明延壽思想之研究》即認為，從永明《宗鏡錄》、《萬善同歸集》的撰述，便可判定「禪淨雙修」的基礎，已臻穩固〔註33〕此外，胡順萍《六祖壇經思想之承傳與影響》亦謂，禪宗與淨土之被合併，除著眼於潮流所趨之外，主要還是因為實踐的需求；禪宗但求明心見性、自心即佛，修道非必在寺，修與不修，亦屬兩邊。淨土與禪宗特重實踐的性格，即是形成禪淨雙修說的重要前提。〔註34〕

所以，事實上，憨山之前的「禪淨雙修」，已然蘊蓄了相當基礎。而憨山則是繼續壯大這個趨勢的發展，並給予「禪淨雙修」以禪的體會。就這個角度言，憨山對於後代同樣主張雙修的禪門，實具有重要的導航意義。本文前於第三章之「東山以降之淨土思想」曾指出，憨山、蓮池雖皆主張禪淨雙修，但二人倚重層面並不相同。憨山的路數，是以禪統攝淨，以達到禪淨不分別的一體境界；這種看法，強調禪淨法門均可並行不害，這在後代禪師間較能形成共同的認可，因此，明末清初以後的禪門，基本上都是憨山這一看法的

〔註31〕清德能《頻吉祥禪師語錄》卷十二，嘉興大藏經第卅九冊，頁 661。
〔註32〕語見《佛光學報》第 6 期，頁 169。
〔註33〕施仲謀《永明延壽思想之研究》，頁 11 謂：「宗鏡錄一百卷，是從禪宗立場出發；萬善同歸集，從淨土立場出發。」
〔註34〕語見胡順萍《六祖壇經思想之承傳與影響》，頁 153。

延續。例如清人超傑〈淨土詩序〉，即有「禪外無淨土，淨土外無禪」的見解：

> 於禪課暇不欲坐無事。甲裡借文字三昧，顯儒釋一貫之旨，示海內
> 具大眼目者。以見禪外無淨土，淨土外無禪也。〔註35〕

而高峰三山禪師〈彌陀會意〉，亦見「性生不二」之說，代表了清代禪門對於
憨山「禪淨雙修」論的一種正面肯定：

> 伏以性生不二，有生總會於無生。好善攸同，樂善欣從。於行善值
> 天理，初還之候，乃人心向上之時，思返本而歸元，故合裡而作事。
>
> 〔註36〕

不論是「禪外無淨土，淨土外無禪」或「性生不二」，都足與憨山回歸自性之
「禪淨雙修」說，彼此印證。甚至，包括參話頭的時候，清代禪僧也呼應憨
山這一恢復「本來面目」的雙修論，衡山禪師說道：

> 參禪以提話頭為務，或參父母未生前，或參如何是本來面目，或參
> 念佛是誰，是必二六時中，勤參不歇，方纔契悟自心。豈不是一乘
> 圓頓妙法門、見性成佛真秘典。〔註37〕

由此可見，憨山根據於他個人之禪悟所詮釋的「禪淨雙修」，在後代確有極大
的影響力。

　　但是，相對於憨山，後代禪師們對於蓮池的禪淨雙修看法，便或有微詞
了；其主要原因，正如本文所陳述者，蓮池的禪淨見解，事實上乃有虛化禪
而專事於淨的用意，而且，他的唯心淨土說，也有走向淨土實有化以及轉成
持名念佛的偏至傾向。清代侶嚴荷禪師就曾經以禪的立場，重新反省蓮池的
禪淨雙修見解：

> 雲棲蓮大師舉自性西方、唯心淨土。拈云：若直指西方，豈但去此
> 過十萬億佛剎為非也！說箇自性，已涉程途，若實談淨土，不惟寶
> 池金地種種莊嚴者非也，饞道唯心，已成垢物。去此二途，畢竟如
> 何是西方淨土？〔註38〕

蓮池之「去此過十萬億佛剎」、「寶池金地種種莊嚴」諸淨土實有化的信念，
實際上暗藏著與其「自性西方、唯心淨土」說距離甚大的矛盾性，所以，後

〔註35〕超傑〈淨土詩序〉，嘉興大藏經第四十冊，頁618。
〔註36〕《高峰三山禪師疏語》卷中〈彌陀會意〉，嘉興大藏經第卅九冊，頁262。
〔註37〕清宗位《衡山禪師語錄》〈示眾〉，嘉興大藏經第卅九冊，頁249。
〔註38〕清成純《侶嚴荷禪師語錄》卷六〈淨土偈〉，嘉興大藏經第卅九冊，頁550。

代類如侶嚴荷之禪者，也不得不對之發出質疑。到最後，質疑就直接演變成一種超越禪與淨土的禪風：

> 永明老人恁麼激揚，大似拗曲作直、旁若無人。山僧則不然：有禪有淨土，常見堅且固；有禪無淨土，猶落在頂墮；無禪有淨土，戀筏何能渡？無禪無淨土，正體堂堂、露卓柱杖。〔註39〕

這是將永明四料簡重新加以解讀，「有禪有淨土」變成是常見執著，只有跳出禪淨山頭的「無禪無淨土」，才是禪家的本來面目。透過此一步驟，又回到了中道觀，剛好接上了憨山自性禪學的融攝通路，又重新歸位於憨山所強調之禪淨不分別的自性境界！

由此可見，憨山自性禪學的確在實踐的路數上面，給予「禪淨雙修」有力的推動。晚明以降，禪門所言之「禪淨雙修」，都深受憨山的影響。

以上，本節係就憨山「教禪一致」及「禪淨雙修」論點在後世的影響，分別臚述。依憨山自性禪學言，此二者皆不離於自性核心，而且呈現的方式也都強調於自性本心的實證體驗。其中，「教禪一致」已將「教」由原先宗密所指稱之諸宗義學，擴大為佛教之經律論三藏，即使今日，佛教界都還渥蒙其流風，其影響不可謂不大。而「禪淨雙修」，由於與雲棲蓮池的主張略有分歧，向不被列為淨宗正統，但是，在禪門之中卻普受正面肯定，因此它的影響力，自亦不容小覷。

第四節　憨山自性禪學之正面價值與內在侷限

釋曉雲法師〈天台止觀如來禪〉嘗謂：

> 近數百年來，由於歷史環境的影響，我國禪宗思想多偏於空性為體，而不重妙有為用。〔註40〕

禪宗談論空性乃是常事，但談「空性」而輕忽了「妙有」，卻是禪宗最容易被垢病的地方。憨山的禪學，基本上也可謂是以「空性為體」的，但是他並不偏廢「妙有為用」的層面，這是憨山自性禪學最值得稱道的正面價值。

然而，就教內義學言，憨山自性禪學亦並非面面俱到，對於戒律思想以及相宗唯識學，憨山均力有未逮。另外，在統攝三教思想時，憨山亦顯露出

〔註39〕清成純《侶嚴荷禪師語錄》卷一，嘉興大藏經第卅九冊，頁535。
〔註40〕語見中華學術院佛教文化研究所《佛教文化學報》第6期，頁2。

禪宗本位的侷限與謬誤，對於儒道思想具有的異質性與多樣性，他並未有足夠的警覺。這以上，便是憨山自性禪學之內在侷限。

一、憨山自性禪學之正面價值

針對以上本文對於憨山自性禪學之論述，我們可以透析出底下三個正面的評價：

（一）強調心靈對於日用平常的提昇價值

憨山禪學當中所意許之自性，正如本文第五章所言，具備了眞常、般若，以及眞常般若合流的三項特質。此一自性特質，其實也就是一種心靈的特質；如果我們將其搭配在憨山「行住坐臥是道」的實際觀照上來看，那麼這個心靈，將可被賦予具體提昇日用平常的價值。

在憨山體用一致的禪觀當中，這種活潑自在的心靈，經常可以呈現在日常生活當中，一方面顯出它在經驗世界當中的自由開闊（無念、無住、無相），一方面也表現出它具有決定外在環境的力量。例如〈送堅音慈公住金沙東禪寺序〉中，憨山說道：

> 若秉佛心而爲住持，即其地爲金剛所成，身心寂然，是爲入如來室。
> 若以法華爲佛種子，則一瞻一禮、舉手低頭，皆爲妙行；則一切因緣
> 無非佛事，了無疲厭。若以智炤一心、了達無明，則煩惱不生、諸障
> 自息，日用頭頭，皆眞解脫。且公兼持行願、普門二品，以專淨業；
> 苟以大悲爲心，則普視同體、冤親等觀，了無人我之相；若以普賢爲
> 行，則捐捨身命、以供大眾，滴水普沾，何有一己之私？若以大圓覺
> 爲我伽藍，十方聚會，箇箇無爲，又何有於子孫之業？公以如是住、
> 如是持、如是安居，則當下轉穢成淨，三學圓於一心，萬行成於一念，
> 所謂佛子住此地，即是佛受用，常在其中經行及坐臥。〔註41〕

「舉手低頭，皆爲妙行」、「日用頭頭，皆眞解脫」以及「當下轉穢成淨」，都表露了吾人之心靈確有一種提昇生活境界，或將生命境界理想化的妙用。而且，這種生命境界的轉化，就憨山的立場言，並非「靜觀」或心齋坐忘中才能得到，「經行及坐臥」、日常生活當中的任一時任一地，只要心靈能作本體

〔註41〕《憨山大師全集》卷十一〈送堅音慈公住金沙東禪寺序〉，嘉興大藏經第廿二
　　　冊，頁 503。

性的轉化，便都可以當下呈現。

特別值得一提的是，憨山處理心靈對於日用平常的提昇時，是通過「三學圓於一心，萬行成於一念」的心心念念而呈現出來的。也就是說，這種生命層境的轉化，必須是不違背於戒、定、慧三學以及六度萬行的。所以，楊惠南先生於〈惠能及其後禪宗之人性論的研究〉指稱惠能後的禪宗（尤指神會之南禪），有明顯「偏離了佛教勸人爲善去惡」之傾向；〔註42〕這個憂慮，在憨山的自性禪學中，是不存在的。

當然，這種獨特的心性論，基本上已經是在傳統儒道領域之外，另闢蹊徑了。若是對照於一向有強烈道德意向的儒家人性論，它將凸顯出另外一種超越意義的經世智慧；而相較於道家自然無爲的虛靜心見解，憨山這種以自性爲根柢的心靈觀照，也表達出更進一步之解脫煩惱、了生脫死的豁達與自在。

（二）重視人與萬物的平等性

本文前於第五章第二節三、，曾論述憨山禪學當中極重要之「本體遍在」說，亦即憨山「人與萬物，皆具靈覺之性，此性均賦而同稟者也」所陳述的見解。而細予尋思可知，重心是環繞在人與萬物的「覺性」上面，憨山認爲就覺性上來看，人與萬物是平等的。換言之，在憨山的禪學思維當中，先前湛然《金剛錍》中一度被討論的（人的）佛性與（萬物的）法性的問題，已經全部被約化爲中道觀底下的「覺性」。從這裡就可以看出來，憨山實際上對於人以外的萬物，是給予了相當高的尊重和肯定。

同樣的原理，亦具見於憨山〈貝葉佛母贊〉中：

> 佛體如空，無處不容，牆壁瓦礫，達之者通。秋水澂澂、朝霞燦燦，
> 影落波心、光浮繁練，識之不見，見之不識。翳目空華、太虛鳥跡。
> 貝葉無文，法身非有，萬壑松聲，作獅子吼。碧眼鬍腮，維摩病骨，
> 漏逗形骸，分明眉目。〔註43〕

以憨山之禪學方法言，只要能順著一心三觀的中道觀來觀照，即令是器世間的「牆壁瓦礫」、「秋水」、「朝霞」、「萬壑松聲」等等之無情生，都可以被佛性化，而成爲與主體境界一致的物質呈現。如果以釋恆清教授「《大般涅槃經》的佛性論」文所論陳之「法佛性」及「覺佛性」觀之，則憨山的本體遍在說，

〔註42〕見《哲學與文化》第14卷第6期，頁392。
〔註43〕《憨山大師全集》卷十九〈貝葉佛母贊〉，嘉興大藏經第廿二冊，頁571。

在器世間的層面上，是肯定「法佛性」的。〔註44〕從這個角度來看，憨山對於無情生之器世間所表現的尊重態度，亦是無庸置疑。

正如釋曉雲法師〈禪畫與園林思想〉所言：

> 禪是一種心靈淨化的妙智力，禪亦稱禪智。而此種智力的培養，必少不了自然的幽靜環境；禪的本身，便是自然，而自然的環境，也具有禪的氣氛。〔註45〕

如憨山這般之看待自然萬物，萬物亦隨之「具有禪的氣氛」，的確很有利於禪畫藝術與園林境界的提昇。所以，從人與萬物的平等性當中，憨山禪學可延伸出生活的藝術化境界。

而釋恆清法師〈草木有情與深層生態學〉亦指出，當人對於「有情世界的其他眾生」，乃至「無情世界的草木、國土」，能給予平等的尊重時，那麼，人跟自然界便會成為一個「生命共同體」。在「生命共同體」的意識下，人類將會對自己生活周遭的環境、以及其它非人之生態生命，重新反省，而不再以「萬物之靈的征服者」自居。〔註46〕這種「生命共同體」的體認，在憨山禪學當中，一樣能找到相當正面的支持。

其次，如同楊惠南先生〈從「境解脫」到「心解脫」——建立心境平等的佛教生態學〉一文所擔憂的，《維摩經》「佛國品」之「心淨國土淨」思想，常只是片面性地被體會成「重『心』而輕『境』」、「重『眾生世間』輕『器世間』」的意義。〔註47〕這一點，如果能參考憨山對於萬物乃至器世間的態度加

〔註44〕所以，憨山的看法與釋恆清法師「《大般涅槃經》的佛性論」中所指稱的澄觀看法，是互相吻合的。釋恆清教授該文說道：澄觀將第一義空與智慧，視為佛性的二個屬性。依據這個觀點，澄觀更進一步指出：第一義空屬「佛性『性』」，而智慧屬「佛性『相』」。……若以佛性的二個屬性，來論草木牆壁瓦礫等無情是否有佛性。則澄觀認為：若以性從相，則唯有有情眾生才有佛性；因為他們才有智慧。但草木瓦礫，因為無智慧，故無佛性。而若以相從性而言，因第一義空，無所不在，則草木瓦礫無不是第一義空。換言之，一切草木瓦礫，無不含攝於佛性中。因此，可以說無情亦有佛性；只是其佛性屬於「法佛性」，而不是「覺佛性」。（該文見《台灣大學文學院佛學研究中心學報》第1，頁77。）

〔註45〕語見《哲學與文化》第3卷第1期，頁39。此外，大陸學者魏承恩於《中國佛教文化論叢》第七章「中國佛教藝術與審美」之三『禪宗的藝術審美』，則特別指出禪宗所營造出來的「遠、靜、淡、虛」意境，是中國傳統音樂、書法、園林、盆景、繪畫等藝術，共同之審美理想（見該書P252～254）。

〔註46〕語見《佛教與社會關懷學術研討會——生命、生態、環境關懷論文集》，頁28。

〔註47〕見《佛教與社會關懷學術研討會——生命、生態、環境關懷論文集》，頁198

以解釋，應可從根本觀念上給予導正。

所以，憨山自性禪學之中，重視人與萬物的平等性，以及強調對於無情生的一體觀照，在各方面的評價上，都是被肯定的。

（三）貫徹知行一致的生活

禪宗重視頓悟，宗杲看話禪尤其將頓悟視爲參究公案的目的。但是，就憨山禪學的立場來看，頓悟僅只是修行整體的一部份而已，他認爲頓悟之後，不論是理論上之悟或是自性上之悟，都必須再回到實際生活當中，以求印證知行之一致。所以，憨山在〈答鄭崑巖中丞〉與〈答王于凡〉中，分別指出：

> 1、于一切境緣上，以所悟之理，起觀照之力，歷境驗心。融得一分境界、證得一分法身；消得一分妄想、顯得一分本智。……若將心待悟，即此待心，便是生死根株。〔註48〕

> 2、如今説要參禪頓悟了生死，請自討量：果能一念頓斷歷劫煩惱如斬亂絲否？若不能斷煩惱，縱能頓悟，亦成魔業，豈可輕視哉。從上諸祖頓悟，亦從多生積功漸修中來。故頓悟一著，說則似易，其實爲難。苟無二三十年死心工夫，如何得向熱惱中一念頓悟？〔註49〕

在憨山的思路當中，頓悟始終是與漸修相伴隨的，所以頓悟並不是修行歷程的結束；而且，依照憨山頓悟漸修一體的見解，一個人即使開悟之後，仍必須「積功漸修」、「歷境驗心」，與實際的生活搭接在一起，才能持續敞開禪悟的境界。這種看法，便可延伸爲一種強調知行一致的價值觀。

於是，就這一意義上著眼，憨山禪學其實已很能糾正向來一般人，對禪宗開悟者抱持著「無事道人」、「無修無爲」等不用著力於修證的錯誤表象。而且，也能進而防杜部份只想以概念解讀禪宗，卻不思具體實證者的偏差心態。在〈答鄭崑巖中丞〉文中，憨山指出：

～199。楊惠南先生原文謂：《維摩經》「佛國品」之淨土思想有兩層：1、如欲「心解脱」，必須先「境解脱」。要讓內心煩惱徹底除去，必須先讓外在世界清淨無染。2、如果想要「境解脱」就必須「心解脱」。如果要讓外在的世界清淨無染，必須先去除內心心靈裡的煩惱。這是「隨其心淨則國土淨」。目前台灣佛教環保運動重「心」而輕「境」，重「眾生世間」輕「器世間」傾向，只看到第2。

〔註48〕《憨山老人夢遊全集》卷一〈答鄭崑巖中丞〉，嘉興大藏經廿二冊，頁730。

〔註49〕《憨山大師全集》卷九〈答王于凡〉，嘉興大藏經廿二冊，頁479。

說禪說教，無非隨順機宜破執之具，元無實法與人。所言修者，只
是隨順自心，淨除妄想習氣影子，於此用力，故謂之修。若一念妄
想頓歇，徹見自心本來圓滿，光明廣大，清淨本然，了無一物，名
之曰悟。〔註50〕

「一念妄想頓歇」之悟，與「隨順自心，淨除妄想習氣」之修，是合而為一、
同時並行的。所以，這使得憨山禪學遠離了步虛蹈空的危險，而有與現實生
活相互印證結合、達到知行一致的積極意義。

傅偉勳〈胡適、鈴木大拙與禪宗真髓〉文，曾批評鈴木大拙有誤導世人
進入「頓悟為禪宗訓練的結束」的歧途，〔註51〕就憨山知行一致的價值觀來
看，憨山是可以避免這樣的譏評的。

二、憨山自性禪學之內在侷限

而相對於正面的評價，在憨山自性禪學之中，我們也發現底下諸項缺點：

（一）律學與唯識學的不足

憨山雖然主張「教禪一致」、「性相合會」，但是，實際上對於戒律學的認
識，仍僅充斥膚泛的常識性體會，在他的存世著作當中，亦絕無戒律學的專
著。憨山之隔代法裔蕅益智旭，於〈紫竹林顓愚大師爪髮衣缽塔誌銘〉中，
曾載錄了一段憨山與顓愚法師間，關於「授戒法」的對談：

師（顓愚）曾以授戒法問憨大師（即憨山），大師答云：老朽未閱律
部，於諸戒相，實未細詳。今惟遵《梵網》，以心地法門為宗，以十
重為要其，四十八輕亦未能細說。……近時學人，識淺心麤、多虛
少實，求其果能精持如古人者，所未易見；而弘律者，原非學人，
事多杜撰，難可為準。公處若有藏經，幸一詳檢律部，有以示我。
望之！望之！〔註52〕

在這段文字當中，憨山以自己的「未閱律部，於諸戒相，實未細詳」，向顓愚
表達其對戒律學領域的理解，實仍十分有限，對於詳細的「四十八輕」戒，
甚至根本無力細說云云。而另外，在憨山的〈自贊〉詩中，也道出了十餘年

〔註50〕《憨山大師全集》卷一〈答鄭崑巖中丞〉，嘉興大藏經廿二冊，頁385。
〔註51〕見傅著《從西方哲學到禪佛教》，頁340。
〔註52〕《靈峰蕅益大師宗論》卷八之三〈紫竹林顓愚大師爪髮衣缽塔誌銘〉，嘉興大
　　　藏經卅六冊，頁396。

流戍生涯中，未能嚴持戒律威儀的無奈：

> 心非在家，形還混俗，眼裡有珠，胸中無物。聞名時是是非非，見
> 面後嚷嚷咄咄……非俗非僧，不真不假，肝膽冰霜，形骸土苴。一
> 味癡憨，萬般瀟灑。……少小自愛出家，老大人教還俗。若不恆順
> 世緣，只道胸中有物。聊向光影門頭，略露本來面目。鬚髮苦費抓
> 搔，形骸喜沒拘束。……心不在髮，形不在僧，人不足道，名不足
> 稱。百無可取，一味可憎。……少小出家，老大還俗，裝憨打癡，
> 有皮沒骨。不會修行，全無拘束。〔註53〕

在雷陽流戍期間，憨山雖然心中還緊守著自己是個出家眾的念頭，但終究身
處於是非嚷咄的牢營之中，只好入境隨俗、蓄留鬚髮。於是，就成了「非俗
非僧」的特異形象了。而且，「鬚髮苦費抓搔，形骸喜沒拘束」，這個時候的
憨山，在威儀細行上面可能也無法顧及。這些因素，是否決定性的影響憨山
對於律學的粗疏，亦難下定論，但是，在憨山主張「三學並重」的背後，我
們卻往往只見「定慧等持」的突顯，在他的自性禪學當中，戒律學確實是最
弱的一環。

其次，在唯識學部份，憨山有〈性相通說〉傳世，根據憨山的說法，他
是依《起信論》為會通百法名門的準據，〔註54〕他說：

> 窺基舊解，以論釋之學者難明，故但執相，不能會歸唯心之旨。予
> 因居雙徑寂照，適澹居鎧公請益性相二宗之旨，予不揣固陋，先依
> 《起信論》會通百法，復總論義，以此方文勢消歸於頌。使學者一
> 覽了然易見，而參禪之士，不假廣涉教義，即此可以印心。〔註55〕

憨山〈性相通說〉使用《起信論》的角度，作為詮釋天親《八識規矩》、《百法
論義》的基礎，是產生爭議的所在。由於《起信論》本來就是將真常心融入唯
識學的代表作，所以在〈性相通說〉當中，憨山解釋八識百法，便無不以匯歸
真常自性為依歸。如此一來，傳統的相宗學者，可能就不易認同了。藕益智旭

〔註53〕《憨山大師全集》卷廿〈自贊〉，嘉興大藏經第廿二冊，頁587～588。

〔註54〕憨山認定之唯識，是《起信論》的唯識。所以，他的重心只放在真常自性的
強調上面，對於唯識發展出來的淨化佛土之無住涅槃境界，憨山並不關心。
葉阿月〈唯識思想的對治煩惱說││以四念住與四聖諦為中心〉謂：「佛教唯
識哲學的最高理想，是一種與世界和平有關的『安樂幸福』的涅槃境界。就
是淨化佛國土的無住處涅槃境界。」在憨山禪學中，沒有這種涅槃境界的論
述，葉語見《台灣大學文史哲學報》第28期，頁1。

〔註55〕《憨山大師全集》卷卅四〈性相通說〉，嘉興大藏經第廿二冊，頁664。

後來在寫給錢謙益的信中，就很不客氣的批判憨山的〈性相通說〉，他說：

> 憨大師性相通說，久爲教家嗤笑。〔註56〕

智旭自己雖然不是正統的相宗學者，但是在《成唯識論觀心法要》中也指出：

> 萬法唯識，雖驅烏亦能言之。逮深究其旨歸，則耆宿尚多貿貿！……
> 自古疏失傳，人師異解，文義尚訛，理觀奚賴？鈍者既望洋而退，
> 利者復蔑裂而求。〔註57〕

他並沒有明確說出「耆宿尚多貿貿」，「人師異解，文義尚訛」且「蔑裂而求」者，所指的是那些人，但是，憨山恐怕是嫌疑最大的！

（二）自性真常心的泛濫使用與對於易理之陌生

其次，憨山禪學在統攝儒道的三教合一論當中，也產生了弊端。其中最嚴重者，莫過於以他的自性說，做爲一種放諸四海皆準的環中道樞；憨山爲要自圓其說，往往亦有忽略三教本質差異、削足適履的情事發生。例如〈示劉平子〉文中，憨山就將孟子「求放心」所求的四端之心，當成明心見性底下的眞常心：

> 子輿有言：學問之道無他，求其放心而已矣。雖然，亦有心未嘗不求而問學不明者，何也？病在不放之放，求而不求，依稀彷彿，視之爲匹似閒耳。苟知不放之放，則自不放；求之無求，則爲眞求。子輿氏見性明心，單傳直指處，唯此而已。有志向道，以此爲準。
>
> 〔註58〕

於是，原來孟子心性論當中所具備的仁義禮智的道德義涵，就全被禪宗的自性本心所替代，這對於儒家言，當然是一種不相應的體會。此外，憨山對於儒佛本體論之不同，也有底下堪稱異數的看法：

> 若究心性之精微，推其本源：禪之所本，在不生滅；儒之所本，在生滅。故曰：生生之謂易。此儒釋宗本之辨也。〔註59〕

他認爲禪宗根據的本體是「不生滅」的，這一點是符合其自性說的。但是，將儒家所稟藉的道德良知，草率地套上「生滅」的判斷，並以「生生之謂易」說明它，就很清楚地暴露了憨山對於儒家本體論的陌生以及對於易理的不瞭解。

〔註56〕見《靈峰蕅益大師宗論》卷五之二〈復錢牧齋〉，嘉興大藏經第卅六冊，頁343。
〔註57〕蕅益智旭《成唯識論觀心法要》，嘉興大藏經第卅六冊，頁107。
〔註58〕《憨山大師全集》卷一〈示劉平子〉，嘉興大藏經廿二冊，頁399。
〔註59〕《憨山大師全集》卷一〈示李福淨〉，嘉興大藏經廿二冊，頁405。

事實上，易經創生不已的觀念，與憨山「生滅」二字距離甚遠；而且，儒家的良知本體，也不適用於「生滅」的定義。陳榮波先生〈易經離卦與曹洞禪〉文，就曾經結合了易經離卦的本義，推衍出曹洞宗之微言大義，他說：

> 從易經離卦本義闡明曹洞禪的微言大義：1、具有光明正大的涵義。
> 2、具有謙柔圓融的涵義。3、具有生生不息的涵義。4、具有中正和
> 諧的涵義。5、具有悲天憫人的涵義。〔註60〕

由此可見，易經的本卦、之卦，乃至各種正反卦義的衍伸，都是可以表達諸多含意的。蕅益智旭甚至就曾撰寫《周易禪解》，巧妙綰合易經與禪宗。夏金華「蕅益大師與《周易禪解》」文，便認為智旭能「將六爻時位與佛教修行階次，巧妙地加以配合，相互印證，發揮發展」，不論就易學史或就中國佛教史而言，都深具於重要意義。〔註61〕而很明顯的，憨山對於易理之陌生，在其自性禪學上是很大的遺憾，連帶著的是，造成他對於儒家的創生意義之道德良知，也無門而入。

（三）三教觀流於本位主義

另外，憨山運用他的禪學立場以統攝三教的看法，也凸顯出本位主義的侷限，其中，他將三教入門工夫，全部約化為「破我執」的做法，便有明顯的削足適履之嫌：

> 若夫老子超出世人一步，故專以破執立言，要人釋智遺形、離欲清
> 淨。然所釋之智乃私智，即意必也；所遺之形，即固我也；所離之
> 欲，即己私也；清淨則廓然無礙如太虛空，即孔子之大公也。是知
> 孔老心法，未嘗不符，第門庭施設，藩衛世教，不得不爾。以孔子
> 專於經世，老子專於忘世，佛專於出世。然究竟雖不同，其實最初
> 一步，皆以破我執為主。〔註62〕

〔註60〕語見《華岡佛學學報》第4期，頁236～238。
〔註61〕語見《圓光佛學學報創刊號》，頁265。夏金華文謂：「《周易》六十四卦，每卦
　　　六爻的時位，可以表示諸多含意。蕅益獨具慧眼，抓住其中顯示事物發展過程
　　　的幾個卦（「乾卦」最為典型），將六爻時位與佛教修行階次，巧妙地加以配合，
　　　相互印證，發揮發展。既體現了諸卦六爻所表示的螺旋式上升的發展過程，又
　　　顯現行者在修心征途中出現的失誤而遭挫折的情形。卦爻選擇適當、文字表達
　　　確切精彩，值得稱道。根據現有材料來看，蕅益在這方面的探索，可以說是空
　　　前絕後。這不僅在易學史上是特有的現象，在中國佛教史上亦具有重要意義。」
〔註62〕《憨山大師全集》卷卅〈道德經解發題〉「發明工夫」，嘉興大藏經第廿二冊，
　　　頁648。

依憨山之理路，雖然儒道佛分別有「經世」、「忘世」、「出世」諸取向之差異，但揆其實，入手工夫卻都是一樣的。引文中，憨山將老子的「釋智遺形、離欲清淨」與孔子「毋意毋必毋固毋我」相比對，以統一「孔老心法」的方式，說明了儒道在鏟除我見、我愛、我癡、我慢的方向上的一致性。而這個方向，順憨山的想法，一律都被視為是破我執的一種實踐。憨山在大部份談及三教實踐工夫的論述上，幾乎都千篇一律地主張如此的看法。例如底下的文字，憨山甚至就將破執之後的「無我之體」以及緣無我而起用的「利生之用」，作為三教共通的體用論，這樣的見解相當特殊：

> （三教聖人）體用皆同，但有淺深小大之不同耳。若孔子果有我，
> 是但為一己之私，何以經世？佛老果絕世，是為自度，又何以利生？
> 是知由無我方能經世，由利生方見無我。其實一也。……是知三聖
> 無我之體、利生之用皆同。〔註63〕

這套出世間融入世間的體用說，用以形容憨山自性禪學，是十分恰當的。但是三教之間，是否可真如憨山這樣的體用說貫穿？便是問題重重了。如以勞思光《中國哲學史》第一卷〔註64〕用「德性我」、「情意我」分判儒道的路徑言之，則儒家德性本體所開展出來的禮樂文明之用，與道家情意本體所延伸出來的欣趣逍遙之用，便已極難求其一致了。更何況憨山亟欲將儒道的本體同化為禪宗的「無我之體」，以「利生之用」通說於三教？憨山這種本位主義的三教觀，很明顯地，確有削足適履之嫌。

　　由於憨山自性禪學，本來就是對應於晚明禪門衰頹所引發出來的一種徹底反省與革新，所以，憨山自性禪學的長處以及侷限，在禪門衰頹此一現實的襯托下，都可以清楚地表現出來。而由上述對於憨山自性禪正負評價的探討，我們有充份的理由肯定憨山對於「妙有」的重視態度，絕對足以規避釋曉雲「禪宗思想多偏於空性為體，而不重妙有為用」的指責。當然，憨山自性禪的內在侷限也很明顯，特別是以自性為核心的三教論點，更嚴重地漠視了儒道二家的異質性與多樣性，這對於他自己所極力邁向之「三教合一」的新思考而言，其實反而是一沉重的阻礙！

〔註63〕《憨山大師全集》卷卅〈道德經解發題〉「發明體用」，嘉興大藏經第廿二冊，頁 649。

〔註64〕見該書 P223。

第五節 總 結

憨山所處的時代，正值朱明皇朝之政權中心最跟蹌顛簸的時期，嚴嵩與魏忠賢之先後亂政、東林黨人的抗爭乃至全數犧牲，以及礦稅加派之荼毒黔首生民，最後終於導致民變流氓之四方蜂起，這些狂燃竄行的時代動盪，都可能是誘發憨山重返禪源，回歸於吾人之真常自性，以重振「明心見性」之宗風的重要動力。其次，以當時之三教格局言，陽明心學已演變成了左派與右派的爭執，道教也久已衰頹、乏人聞問，而禪門「多瓜印子」式的窳濫禪風以及行者之習於玩弄文字知見、不重修證之積弊，乃至朱明政權對宗教活動的外在制約，這些環境因素，也是促發憨山重返內心、重新思索人類主體性問題的一種增上緣。所以，當憨山一旦際會於「性相融合」的理念，又搭接上教內、教外之思想融匯潮流，那麼，以自性為主題之憨山自性禪的提出，便絲毫不令人感到意外。以上這些敘述，即本文在第二章所論介的基本課題。

其次，若由晚明禪學趨向觀之，儒釋道「三教合一」的呼聲以及臺賢禪淨融匯整合的潮流，正好也就是型塑憨山自性禪學的最好資糧。因此，本論文在第三章部份，針對憨山自性禪學所對應的禪門義理趨向，作比較縱向的深入剖析；其中，儒家思想、道家思想、華嚴思想、天台思想、淨土思想諸層面，在憨山之全盤思想體系中，都各自佔有相當重要的份量，然而，它們卻也是向來令學者望而不前的處女地。在這一章當中，本論文即通過憨山自性禪學「思想淵源」的通路，嘗試做出初步的接觸。筆者期望這一章，能在未來更予擴延，做為繫連憨山各層面思想的基點。

至於本文第四章部份，處理的重點則是在於抽繹憨山自性禪的方法論。在這一章當中，本文扣緊「自性」的主題，針對憨山禪學在自性上的種種本體性轉化，分別論介了「止觀雙運、定慧等持」、「即本體即工夫」兩種型態之禪學方法；又從自性所延伸之融攝思維模式之中，分別點出「中道觀」、「二諦相即圓融」之方法論來。這些看似支離的禪學方法，並非各自獨立，在憨山自性禪學之實際運作當中，它們是彼此互相伸舒連貫的共同體。

再者，因為憨山承循了「不立文字」的禪者風格，認為自性本身就是一個萬德具足的事實，毋須加上任何說明（同時這種說明也是隔靴騷癢、不切實際），這使得他的禪學觀點，普遍呈現出論證程序缺乏的問題。更因為憨山自己之反對依知見概念繞路說禪，這也使得他的法語開示，往往更接近於一種主觀境界語，在學術處理上，這樣的語言，實在很難成立為理性論據。所

以，爲了尋找出一套詮釋憨山自性禪學之最佳通路，本文首先約化式地整理
出憨山自性禪學的方法論，並在憨山禪學的「本體論」及「工夫論」兩章之
中，特意地通過憨山之本體、工夫特質，回溯於傳統之佛教理論，借用這些
深植於憨山自性禪學底層之傳統教義教理，將憨山原來潛存之禪學義理，逐
一地彰顯出來。至於「本體論」與「工夫論」的區別，僅是形式上的，此種
區別只是爲了清楚說明憨山自性禪學底蘊的一種學術性意義之方便，在憨山
的實修活動中，二者根本是體用一如的關係。

　　雖然就嚴密的推論程序言，憨山自性禪學並沒有足夠形成系統的理論組
織，但是，凡最純粹的東西，一定也最經得起表達。所以，本文大膽地以自
性爲主軸，分依「方法論」、「本體論」、「工夫論」做爲貫串其自性禪學的依
據，這正是代表著筆者個人對於解讀憨山自性禪的一種嘗試性之表達方式。
當然，一個觀念可以被提出，未必一定要被接受，主要取決因素，應是衡酌
於它在學術詮釋的適用性，是否能與它處理的對象，完全印合。而筆者深信，
本文推薦的這一以自性爲核心之三論合一的理論系統，不但能補足憨山自性
禪學知性建構之不足，也能符合並解讀憨山之自性禪學、豁顯其特質。甚至，
將來如欲廣開視野，對於憨山思想做更進一步的意義探求，也可以此爲基石。

　　所以，對於類如「唯心識觀」、「禪淨雙修」、「教禪一致」……等論題，
過去的論文處理方式，往往僅停留在憨山的思想表層，不能登堂入室。在本
論文之中，則都通過自性的論點，給予深入的闡示。而以往學者之普遍迷信
於依據禪者之宗門法脈，而抉斷該禪者得失、風格的做法，在本論文之中，
幾乎已予揚棄；原因無它，因爲憨山住世之時，就已是個「法嗣不詳」、法脈
身份難予界定的人物，更何遑今日要對憨山做任何之宗門系統的理解！所
以，筆者這篇論文，絕異於過去所有的禪宗論文的地方，便在於直接跳開禪
宗法脈傳承的盤根錯節，而將全副精力貫注在「以自性爲中心」的憨山禪學
上面，筆者認爲這才是研究憨山自性禪學時，最應該傾力投資的地方！

　　當然，這篇論文在進行當中，也遭遇了不少困難。其中，憨山對於「自
性」的使用，往往在前後文中，會統攝性地混用了不同的自性特質（即「眞
常之自性」、「般若之自性」、「眞常與般若合體之自性」），不易釐清。這一點，
令人十分困擾（也是本文撰寫時，前後數次大改動的主因）。本來，在學術研
究的前提上，我們應該以很嚴格的角度去分析它、以鑽研不懈的方式去深化
其內涵；但是，這對於憨山的自性本體乃至禪學，卻恰足以造成風馬牛不相

及的謬誤。何以故？因為，憨山的自性，原本就是一種融攝的使用，後人強以理性儼予區界，不但不能夠相應表達其本體論，即連進入其禪學也都將困難重重。所以，本文在第五章中，雖然用了一部份篇幅，處理了憨山自性禪學之本體論基礎，也透析了憨山「自性」的特質與義理架構；然而，那亦僅是基於學術處理上的必要程序，在第五章緊隨其後的發展，本文則是更大篇幅地臚述此一自性之種種動向轉化，筆者謹依於憨山對本體之融攝性運作，完全順著他的原始使用模式，以遊弋於教內外之各種思想領域中。事實證明：這種「不理性」的處理方式，反而能得到最理想的學術效果，而且，它也是最能挺顯憨山自性禪學風貌的一種進路。

另外一個困擾，則是受限於本文的處理格局，無法對於憨山豐富之全盤思想，做鉅細靡遺的整體掌握。譬如憨山器識宏偉之人間佛教思想，本文只能順著「自性」的裙角，以旁觀的方式，一筆帶過；而一向最被忽視的密教大圓滿思想，筆者原來曾列為專章加以深入討論，卻礙於全文之完整性，忍痛割捨！其他，如憨山之圓覺思想、楞嚴思想、頭陀思想，乃至人生觀、宇宙論、政治哲學、教育哲學，筆者都極感興趣，然或因其與部份章節之同質性太高而加以沙汰排除，或基於論題之緊湊考量而未予處理。這些都是本論文在撰寫過程中，筆者深感扼惜之處。當然，此般遺珠之憾，希望在不久之將來，都能陸續完成，而不致抱憾終身。

筆者嘗想：憨山在晚明那麼無望的悲苦時代之中，猶能重返主體而提出「禪」就是「心之異名」的主張，「心」，或許正是憨山亟欲在人類世界中，點亮的一盞明燈吧！際此亂世，真理總在明滅之間，苟吾人均能點燃此心中明燈，那麼，家國天下，或當有另外一番新氣象！

引用及參考書目

（一）大藏經部份（依出版時間先後排列）

1. 華嚴綱要，唐澄觀疏義，明德清提挈，卍續藏經之「中國撰述，大小乘釋經部」十二冊～十四冊，新文豐，66 年版。

2. 圓覺經直解，明德清解，卍續藏經之「中國撰述，大小乘釋經部」十六冊，新文豐，66 年版。

3. 楞嚴經懸鏡，明德清述，卍續藏經之「中國撰述，大小乘釋經部」十九冊，新文豐，66 年版。

4. 楞嚴經通議提綱略科，明德清排訂，卍續藏經之「中國撰述，大小乘釋經部」十九冊，新文豐，66 年版。

5. 楞嚴經通議，明德清述，卍續藏經之「中國撰述，大小乘釋經部」十九冊，新文豐，66 年版。

6. 觀楞伽經記，明德清述，卍續藏經之「中國撰述，大小乘釋經部」廿五～廿六冊，新文豐，66 年版。

7. 楞伽經補遺，明德清述，卍續藏經之「中國撰述，大小乘釋經部」廿六冊，新文豐，66 年版。

8. 金剛經決疑，明德清述，卍續藏經之「中國撰述，大小乘釋經部」卅九冊，新文豐，66 年版。

9. 般若心經直說，明德清述，卍續藏經之「中國撰述，大小乘釋經部」四十一冊，新文豐，66 年版。

10. 法華經擊節，明德清述，卍續藏經之「中國撰述，大小乘釋經部」四十九冊，新文豐，66 年版。

11. 法華經通義，明德清述，卍續藏經之「中國撰述，大小乘釋經部」四十九冊，新文豐，66 年版。

12. 起信論直解，明德清述，卍續藏經之「中國撰述，大小乘釋經部」七十二冊，新文豐，66 年版。

13. 百法明門論論義，明德清述，卍續藏經之「中國撰述，大小乘釋經部」七十六冊，新文豐，66年版。

14. 肇論略注，明德清述，卍續藏經之「中國撰述，三論宗著述部」九十六冊，新文豐，66年版。

15. 八識規矩通說（附六祖大師智頌解），明德清述，卍續藏經之「中國撰述，法相宗著述部」九十八冊，新文豐，66年版。

16. 紫柏尊者全集，明德清閱，卍續藏經之「中國撰述，史傳部」一百廿六～一百廿七冊，新文豐，66年版。

17. 憨山老人夢遊集，侍者福善日錄，門人通迴編輯，卍續藏經之「中國撰述，史傳部」一百廿六～一百廿七冊，新文豐，66年版。

18. 八十八祖道影傳贊，明德清述，高承埏補，卍續藏經之「中國撰述，史傳部」一百四十七冊，新文豐，66年版。

19. 觀楞伽阿跋多羅寶經記，明德清述，佛教大藏經一百廿六冊（總目第2350種），佛教出版社，72年版，新文豐，66年版。

20. 大乘百法明門論義，明德清述，佛教大藏經一百四十三冊（總目第2496種），佛教出版社，72年版，新文豐，66年版。

21. 文殊師利所說摩訶般若波羅蜜經，梁曼陀羅仙譯，磧砂大藏經五冊，新文豐，76年版。

22. 妙法蓮華經，姚秦鳩摩羅什譯，磧砂大藏經九冊，新文豐，76年版。

23. 維摩詰所說經，姚秦鳩摩羅什譯，磧砂大藏經九冊，新文豐，76年版。

24. 楞伽阿跋多羅寶經，宋求那跋陀羅譯，磧砂大藏經十冊，新文豐，76年版。

25. 中論，姚秦鳩摩羅什譯，磧砂大藏經十六冊，新文豐，76年版。

26. 十二門觀論，姚秦鳩摩羅什譯，磧砂大藏經十六冊，新文豐，76年版。

27. 百論，姚秦鳩摩羅什譯，磧砂大藏經十六冊，新文豐，76年版。

28. 攝大乘論，唐玄奘譯，磧砂大藏經十六冊，新文豐，76年版。

29. 高僧傳，梁慧皎撰，磧砂大藏經卅冊，新文豐，76年版。

30. 弘明集，梁僧佑撰，磧砂大藏經卅冊，新文豐，76年版。

31. 廣弘明集，唐道宣撰，磧砂大藏經卅冊，新文豐，76年版。

32. 宗鏡錄，宋延壽撰，磧砂大藏經卅五冊，新文豐，76年版。

33. 天目中峰和尚廣錄，元明本集，磧砂大藏經卅七冊，新文豐，76年版。

34. 六祖大師法寶壇經，元宗寶編，嘉興大藏經一冊，新文豐，76年版。

35. 修習止觀坐禪法要，隋智顗述，嘉興大藏經三冊，新文豐，76年版。

36. 大乘止觀法門，陳慧思撰，嘉興大藏經三冊，新文豐，76年版。

37. 金剛錍，唐湛然撰，嘉興大藏經第四冊，新文豐，76 年版。

38. 大方廣佛華嚴經綱要，唐澄觀撰述，明德清提挈，嘉興大藏經十四冊，新文豐，76 年版。

39. 妙法蓮華經通義，明德清述，嘉興大藏經十六冊，新文豐，76 年版。

40. 大方廣圓覺修多羅了義經直解，明德清解，嘉興大藏經十八冊，新文豐，76 年版。

41. 大乘起信論疏略，明德清纂略，嘉興大藏經十九冊，新文豐，76 年版。

42. 肇論，後秦僧肇作，嘉興大藏經廿冊，新文豐，76 年版。

43. 周易禪解，明智旭著，嘉興大藏經廿冊，新文豐，76 年版。

44. 紫柏老人集，明紫柏眞可著，憨山編集，嘉興大藏經廿二冊，新文豐，76 年版。

45. 憨山大師全集，福善日錄，通炯編輯，嘉興大藏經廿二冊，新文豐，76 年版。

46. 憨山老人夢遊全集，福善日錄，嘉興大藏經廿二冊，新文豐，76 年版。

47. 憨山老人年譜自敘實錄，福善記錄，嘉興大藏經廿二冊，新文豐，76 年版。

48. 紫柏尊者別集，明紫柏眞可著，嘉興大藏經廿三冊，新文豐，76 年版。

49. 頓悟入道要門論諸方門人參問語錄，唐大珠慧海撰，嘉興大藏經廿三冊，新文豐，76 年版。

50. 正法眼藏，宋宗杲集，嘉興大藏經廿三冊，新文豐，76 年版。

51. 五燈會元，宋普濟著，嘉興大藏經廿四冊，新文豐，76 年版。

52. 八十八祖道影傳贊，明德清述，嘉興大藏經卅一冊，新文豐，76 年版。

53. 莊子內篇註，明德清註，嘉興大藏經卅一冊，新文豐，76 年版。

54. 閱藏知津，明智旭彙輯，嘉興大藏經卅一、卅二冊，新文豐，76 年版。

55. 雲棲法彙，明袾宏著，嘉興大藏經卅二、卅三冊，新文豐，76 年版。

56. 成唯識論觀心法要，明智旭著，嘉興大藏經卅六冊，新文豐，76 年版。

57. 靈峰蕅益大師宗論，明智旭著，嘉興大藏經卅六冊，新文豐，76 年版。

58. 侶巖荷禪師語錄，清成純編，嘉興大藏經卅九冊，新文豐，76 年版。

59. 高峰三山禪師疏語，清性統編集，嘉興大藏經卅九冊，新文豐，76 年版。

60. 衡山禪師語錄，清宗位編集，嘉興大藏經卅九冊，新文豐，76 年版。

61. 通天瞻崖原禪師語錄，清明德編集，嘉興大藏經卅九冊，新文豐，76 年版。

62. 頻吉祥禪師語錄，清德能編集，嘉興大藏經卅九冊，新文豐，76 年版。

63. 空谷道澄禪師語錄，清德儒編集，嘉興大藏經卅九冊，新文豐，76 年版。

64. 博山無異禪師廣錄，清弘瀚、弘裕編集，嘉興大藏經四十冊，新文豐，76 年版。

65. 天然居士懷淨土詩，清朱道則撰，嘉興大藏經四十冊，新文豐，76 年版。

66. 遍庭宗禪師語錄，清行淡編集，嘉興大藏經四十冊，新文豐，76 年版。

67. 憨山大師夢遊全集（影印卍續藏），藍吉富編，禪宗全書第 51 冊，語錄部（16），文殊，78 年版。

68. 大慧普覺禪師語錄，佛光大藏經「禪藏」之語錄部，佛光，78 年版。

（二）專書部份（依出版時間先後排列）

1. 晚明思想史論，嵇文甫撰，商務，33 年版。

2. 明代思想史，容肇祖撰，開明，51 年版。

3. 禪宗的教育思想與實踐，蔡金濤撰，55 年中國文化學院哲學研究所碩士論文。

4. 禪學與明代心學，黎金剛撰，61 年台北師範大學國文研究所碩士論文。

5. 曹洞宗的五位宗旨研究，陳榮波先生撰，61 年台灣大學哲學研究所碩士論文。

6. 大乘起信論人生論之研究，趙儀文撰，63 年臺灣大學哲學研究所碩士論文。

7. 魏晉清談及其玄理究要，林顯庭先生撰，63 年東海大學中文研究所碩士論文。

8. 大乘止觀述記，釋勝觀撰，新文豐，64 年版。

9. 六祖壇經研究論集，張曼濤主編，現代佛教學術叢刊之 1，大乘文化，65 年版。

10. 禪學論文集，張曼濤主編，現代佛教學術叢刊之 2，大乘文化，65 年版。

11. 禪學論文集，張曼濤主編，現代佛教學術叢刊之 3，大乘文化，65 年版。

12. 中國哲學現代觀，李日章撰，三信，66 年版。

13. 大乘止觀啟蒙，釋普行撰，鼓山寺，66 年版。

14. 莊子讀本，黃錦鋐先生撰，三民，66 年版。

15. 王陽明全集，王守仁撰，河洛，67 年版。

16. 中國佛教史論集（六）明清佛教史論，張曼濤主編，現代佛教學術叢刊之 15，大乘文化，67 年版。

17. 華嚴思想論集（華嚴學專集之二），張曼濤主編，現代佛教學術叢刊之 33，大乘文化，67 年版。

18. 大乘起信論與楞嚴經考辨，張曼濤主編，現代佛教學術叢刊之 35，大乘文化，67 年版。

19. 禪宗思想與歷史（禪學專集之六），張曼濤主編，現代佛教學術叢刊之52，大乘文化，67年版。

20. 魏晉南北朝佛教小史，黃懺華等著，大乘文化，68年版。

21. 春秋經傳集解，杜預撰，新興，68年版。

22. 日知錄，顧炎武撰，明倫，68年版。

23. 周易王弼、韓康伯注，新興，68年版。

24. 莊子今註今譯，陳鼓應撰，商務，69年版。

25. 中國哲學史（一～三卷），勞思光撰，香港中文大學崇基學院，69年版。

26. 王陽明致良知教，牟宗三先生撰，中央文物供應社，69年版。

27. 禪與生活，鈴木大拙撰，劉大悲譯，志文，69年版。

28. 禪與心理分析，鈴木大拙、佛洛姆合著，孟祥森譯，志文，69年版。

29. 大乘起信論如來藏緣起思想之探討，尤惠貞撰，69年台灣大學哲學研究所碩士論文。

30. 中庸論文資料彙編，國立高雄師範學院國文系編，復文，70年版。

31. 大學論文資料彙編，國立高雄師範學院國文系編，復文，70年版。

32. 大乘起信論新釋，湯次了榮撰，豐子愷譯，天華，70年版。

33. 老子王弼註，王弼撰，復文，70年版。

34. 國史新論，錢穆撰，三民，70年版。

35. 焚書，李贄撰，河洛，70年版。

36. 明清思想家論集，王煜撰，聯經，70年版。

37. 佛教因明學概論，釋聖博撰，大乘精舍，70年版。

38. 明朝史略，李光璧撰，帛書，71年版。

39. 論語的人格世界，曾昭旭先生撰，尚友，71年版。

40. 中國佛學思想概論，呂澂撰，天華，71年版。

41. 楞伽大義今釋，南懷瑾先生撰，老古，70年版。

42. 明儒學案，繆天綬選註，商務，71年版。

43. 朱子哲學思想的發展與完成，劉述先撰，學生，71年版。

44. 左傳導讀，張高評撰，文史哲，71年版。

45. 佛性與般若（上、下），牟宗三先生撰，學生，71年版。

46. 論語義理疏解，王邦雄先生、曾昭旭先生、楊祖漢先生合撰，鵝湖，72年版。

47. 老子論集，鄭良樹撰，世界，72年版。

48. A Source Book In Chinese Philosophy 中國哲學資料書，陳榮捷撰，仰，哲

72 年版。

49. 老子今註今譯，陳鼓應撰，商務，72 年版。

50. 周易老子王弼注校釋，樓宇烈校釋，華正，72 年版。

51. 老子的哲學，王邦雄先生撰，東大，72 年版。

52. 明末清初的學風，謝國楨撰，仲信，72 年版。

53. 清代思想史，陸寶千撰，廣文，72 年版。

54. 王陽明傳習錄詳註集評，陳榮捷撰，學生，72 年版。

55. 中國藝術精神，徐復觀撰，學生，72 年版。

56. 大方廣佛華嚴經疏淺釋（一～四），釋宣化上人撰，〔美〕萬佛城原版，
    大乘精舍，72 年版。

57. 中國哲學十九講，牟宗三先生撰，學生，72 年版。

58. 心體與性體（一～三冊），牟宗三先生撰，正中，72 年版。

59. 明史，張廷玉等編，鼎文，72 年版。

60. 大珠禪師開示錄，大珠慧海撰，慈心贈經處，72 年版。

61. 景德傳燈錄之研究——以禪師啟悟弟子之方法為中心，蔡榮婷撰， 73
    年政治大學中文研究所碩士論文。

62. 沉默的教義——「維摩經」，鎌田茂雄撰，譯者不詳，武陵，73 年版。

63. 明學探微，林繼平撰，商務，73 年版。

64. 晚明小品選注，朱劍心選注，商務，73 年版。

65. 永明延壽思想之研究，施仲謀撰，73 年香港能仁書院哲學研究所碩士論
    文。

66. 心物與人生，唐君毅撰，學生，73 年版。

67. 中國哲學原論（導論篇、原性篇、原道篇、原教篇），唐君毅撰，學生，
    73 年版。

68. 佛家名相通釋，熊十力撰，洪氏，73 年版。

69. 竺道生思想之研究，劉貴傑先生撰，商務，73 年版。

70. 從陸象山到劉蕺山，牟宗三先生撰，學生，73 年版。

71. 史學方法論叢，黃俊傑編譯，學生，73 年版。

72. 四書章句集註，朱熹撰，鵝湖，73 年版。

73. 明儒學案，黃宗羲撰，中華，73 年版。

74. 天台小止觀、六妙法門，智顗撰，佛教出版社，73 年版。

75. 老子道德經憨山解、莊子內篇憨山註，琉璃經房，74 年版。

76. 僧肇般若思想之研究——以「不真空論」為主要依據，蔡纓勳撰，74 年

台北師範大學國文研究所碩士論文。

77. 大學義理疏解，岑溢成撰，鵝湖，74 年版。

78. 漢魏兩晉南北朝佛教史，湯錫予撰，鼎文，74 年版。

79. 中國近世佛教史研究，牧田諦亮撰，索文林譯，世界佛學名著譯叢之 46，華宇，74 年版。

80. 維摩經講話，竺摩法師撰，佛光，74 年版。

81. 儒道之間，王邦雄先生撰，漢光，74 年版。

82. 老子探義，王淮撰，商務，74 年版。

83. 宋代理學與佛學之探討，熊琬先生撰，文津，74 年版。

84. 語意學，F. R. Palmer 撰，陳榮波先生譯，逸龍，74 年版。

85. 六祖法寶壇經注，林士展撰，九六書局，74 年版。

86. 妙法蓮華經句解，釋聞達撰，宏新佛書贈送處，75 年版。

87. 思想點滴——佛學與中西哲學，程石泉先生撰，常春樹書坊，75 年版。

88. 明清之際儒家思想的變遷與發展，林聰舜撰，75 年臺北師大國文研究所博士論文。

89. 八宗綱要，凝然大德原著，鎌田茂雄日譯，關世謙中譯，佛光，75 年版。

90. 萬曆十五年，黃仁宇撰，食貨，75 年版。

91. 中國古代思想史論，李澤厚撰，谷風，75 年版。

92. 思想方法導論，何秀煌撰，三民，75 年版。

93. 史學方法論，杜維運撰，三民，75 年版。

94. 絕對與圓融，霍韜晦撰，東大，75 年版。

95. 從西方哲學到禪佛教，傅偉勳撰，東大，75 年版。

96. 佛教中觀哲學，娓山雄一撰，吳汝均譯，佛光，75 年版。

97. 王陽明，秦家懿撰，東大，76 年版。

98. 歷史與思想，余英時撰，聯經，76 年版。

99. 孔學四論，楊亮功撰，聯經，76 年版。

100. 佛家邏輯研究，霍韜晦撰，佛光，76 年版。

101. 王船山人性史哲學之研究，林安梧撰，東大，76 年版。

102. 紫柏大師研究——以生平為中心，釋果祥撰，中華佛學研究所，76 年。

103. 中國思想傳統的現代詮釋，余英時撰，聯，經 76 年版。

104. 宋明理學概述，錢穆撰，學生，76 年版。

105. 簡明中國佛教史，鎌田茂雄撰，鄭彭年譯，谷風，76 年版。

106. 中國禪學思想研究——宗密禪教一致理論與判攝問題之探討，何國銓

撰，文津，76 年版。

107. 中西哲學論文集，劉述先撰，學生，76 年版。

108. 語意學，戴華山撰，華欣，76 年版。

109. 黃宗羲全集，黃宗羲撰，里仁，76 年版。

110. 中國文化與中國哲學，深圳大學國學研究所主編，北京東方出版社 1987年版。

111. 禪宗論集、華嚴學論集，世界佛學名著譯叢之 61，華宇，77 年版。

112. 如來藏之研究，釋印順撰，正聞，77 年版。

113. 攝大乘論講記，釋印順撰，正聞，77 年版。

114. 唯識學探源，釋印順撰，正聞，77 年版。

115. 淨土與禪，釋印順撰，正聞，77 年版。

116. 性空學探源，釋印順撰，正聞，77 年版。

117. 中觀今論，釋印順撰，正聞，77 年版。

118. 大乘起信論講記，釋印順撰，正聞，77 年版。

119. 明末中國佛教之研究，釋聖嚴日文原著，關世謙譯，學生，77 年版。

120. 龍樹與中觀哲學，楊惠南先生撰，東大，77 年版。

121. 華嚴學，龜川教信撰，釋印海譯，〔美〕法印寺，77 年版。

122. 僧肇思想之研究，劉貴傑先生撰，商務，77 年版。

123. 竺道生，陳沛然撰，東大，77 年版。

124. 清代學術史研究，胡楚生撰，學生，77 年版。

125. 六祖壇經思想之承傳與影響，胡順萍撰，，77 年台北師範大學國文研究所碩士論文。

126. 禪宗、歷史與文化，何新編，黑龍江教育出版社 1988 年版。

127. 禪宗論叢，釋心源，釋無礙合撰，慈慧印經處，78 年版。

128. 僧肇，李潤生撰，東大，78 年版。

129. 人間淨土的追尋，江燦騰撰，稻鄉，78 年版。

130. 禪宗第六祖惠能大師之研究，釋能學撰，新超峰寺，78 年。

131. 中華佛學研究所論叢（一），林孟穎等撰，東初，78 年版。

132. 中國的宗教——儒教與道教〈正統與異端〉，韋伯著，簡惠美譯，遠流，78 年版。

133. 易學新探，程石泉先生撰，黎明，78 年版。

134. 華嚴宗哲學（上、下），方東美撰，黎明，78 年版。

135. 道教與中國文化，葛兆光撰，東華，78 年版。

136. 禪宗與中國文化，葛兆光撰，東華，78 年版。

137. 竺道生頓悟思想之研究，陳松柏撰，78 年高雄師範學院國文研究所碩士論文。

138. 中國佛教與傳統文化，方天立等著，桂冠，79 年版。

139. 佛教與中國文化，任繼愈等撰，國文天地，79 年版。

140. 晚明佛教叢林改革與佛學諍辯之研究——以憨山德清的改革生涯爲中心，江燦騰撰，新文豐，79 年版。

141. 禪宗：文化交融與歷史選擇，顧傳康撰，上海知識出版社，1990 年版。

142. 佛學典故匯釋，李明權撰，浙江古籍出版社，1990 年版。

143. 老子哲學之詮釋與重建，袁保新撰，文津，80 年版。

144. 中國佛教文化論叢，魏承恩撰，上海人民出版社，1991 年版。

145. 哲學、語言與管理，陳榮波先生撰，逸龍，81 年版。

146. 明末佛教研究，釋聖嚴撰，東初，81 年版。

147. 大慧宗杲之禪法，鄧克銘撰，東初，81 年版。

148. 中國禪學研究論集，冉雲華撰，東初，81 年版。

149. 中國禪思想史，柳田聖山撰，吳汝鈞譯，商務，81 年。

150. 中國十大高僧，張力、黃修明著，吉林延邁大學，1992 年版。

151. 中國奇僧——中國佛教和僧人文化品格研究，王仲堯著，北京新莘書店，1992 年版。

152. 道教文化面面觀，中國社會科學院世界宗教所道教研究室編集，山東齊魯書社，1992 年版。

153. 禪海之筏，陳榮波先生撰，志文，82 年版。

154. 明中晚期理學的對峙與合流，于化民撰，文津，82 年版。

155. 從天台圓教看無情有性，廖寶泉撰，82 年香港新亞研究所哲學組碩士論文。

156. 中國佛教史，郭朋撰，文津，82 年版。

157. 智者「三諦圓融」思想之探微，吳宜芳撰，82 年中國文化大學哲學研究所碩士論文。

158. 中國哲學文獻選編，陳榮捷撰，巨流，82 年版。

159. 惠能，楊惠南先生撰，東大，82 年版。

160. 中國道教史，劉精誠撰，文津，82 年版。

161. 老莊新論，陳鼓應撰，五南，82 年版。

162. 中國佛教叢書「禪宗編」第一冊，任繼愈等編輯，江蘇古籍出版社，1993 年版。

163. 中國哲學主體思維，蒙培元撰，北京東方出出版社，1993 年版。

164. 中國禪宗史，釋印順撰，正聞，83 年版。

165. 中華佛教百科全書（八），藍吉富等編，中華佛教百科文獻基金會，3 年版。

166. 中國大百科全書，北京國務院編審，錦繡，1994 年版。

167. 主體性哲學與文化問題，谷方撰，北京中國和平出版社，1994 年版。

168. 禪與中國藝術精神的嬗變，黃河濤撰，北京商務印書館，1994 年版。

169. 道佛儒思想與中國傳統文化，張榮明主編，上海人民出版社，1994 年版。

170. 中國禪學思想史，忽滑谷快夫著，朱謙之譯，上海古籍出版社，1994 年版。

171. 中國禪學思想史綱，洪修平撰，南京大學出版社，1994 年版。

172. 中國歷代禪師傳記資料匯編（上）、（中），徐自強編，北京全國圖書館文獻縮微複製中心，1994 年版。

173. 憨山大師，項東撰，佛光，84 年版。

（三）期刊論文類（依出版時間先後排列）

1. 中國淨土宗之演變，釋太虛撰，文史雜誌第 4 卷第 9、10 期合刊本，33 年 11 月。

2. 王陽明與禪，陳榮捷撰，人生第 27 卷第 11 期（總目為第 323 期）53 年 4 月。

3. 三界唯心說的基本原理，李世傑撰，中華學術院佛教文化研究所，佛教文化學報第 3、4 期合刊，64 年 10 月。

4. 「空性」的同義語，葉阿月撰，哲學與文化第 3 卷第 1 期，65 年 1 月。

5. 禪畫與園林思想，釋曉雲法師撰，哲學與文化第 3 卷第 1 期，65 年 1 月。

6. 從大乘起信論論「無明」之起源，趙儀文撰，哲學與文化第 3 卷第 1 期，65 年 1 月。

7. 萬法唯識的論證，李世傑撰，哲學與文化第 3 卷第 1 期，65 年 1 月。

8. 華嚴哲學的現代意義，楊慧潤撰，哲學與文化第 3 卷第 1 期，65 年 1 月。

9. 明代內閣制度，羅麗馨撰，中興大學文學院文史學報第 6 期，65 年 6 月。

10. 蕅益大師山居詩之園林思想，釋青峰撰，中華學術院佛教文化研究所，佛教文化學報第 5 期合刊，65 年 10 月。

11. 思想史方法論的兩個側面，黃俊傑撰，台灣大學歷史學系學報第四期，66 年 8 月。

12. 天台止觀如來禪，釋曉雲法師撰，中華學術院佛教文化研究所，佛教文化學報第 6 期，66 年 12 月。

13. 易經與楞嚴經，荒木見悟撰，楊白衣譯，佛光學報第 3 期，67 年 6 月。

14. 陽明學與現代佛教，荒木見悟撰，釋如實譯，佛光學報第 4 期，68 年 6 月。

15. 佛學研究與方法論，吳汝鈞撰，佛光學報第 4 期，68 年 6 月。

16. 唯識思想的對治煩惱說——以四念住與四聖諦爲中心，葉阿月撰，台灣大學文史哲學報第 28 期，68 年 12 月。

17. 天台妙觀——一念三千，釋青峰撰，中華學術院佛教文化研究所，佛教文化學報第 7、8 期合刊，69 年 2 月。

18. 看話禪之研究，楊白衣撰，華岡佛學學報第 4 期，69 年 10 月。

19. 易經離卦與曹洞禪，陳榮波先生撰，華岡佛學學報第 4 期，69 年 10 月。

20. 禪與維根斯坦的後期思想比較，陳榮波先生撰，佛光學報第 5 期，69 年 10 月。

21. 六祖壇經之研究，松本文三郎撰，許洋主譯，佛光學報第 5 期，69 年 10 月。

22. 清代之念佛禪，楊白衣撰，佛光學報第 6 期，70 年 5 月。

23. 景德傳燈錄之研究，增永靈鳳撰，吳興譯，佛光學報第 6 期，70 年 5 月。

24. 禪宗五家宗旨與宗風，陳榮波先生撰，佛光學報第 6 期，70 年 5 月。

25. 「超越智慧的完成」之研究——以色即是空、空即是色爲中心，葉阿月撰，台灣大學文史哲學報第 30 期，70 年 12 月。

26. 般若思想與中國禪，釋曉雲法師撰，華梵佛學年刊第 2、3 期合刊，73 年 12 月。

27. 禪史與禪思，楊惠南先生撰，鵝湖 119，121，122，126 號，74 年 5 月、7 月、8 月、12 月。

28. 僧肇思想之基礎，劉貴傑先生撰，華岡佛學學報第 8 期，74 年 10 月。

29. 宋釋永明延壽之理事觀，孔維勤撰，華岡佛學學報第 8 期，74 年 10 月。

30. 論禪宗公案中的矛盾與不可說，楊惠南先生撰，台灣大學哲學論評第 9 期，75 年 1 月。

31. 禪宗的體用研究，杜松柏撰，中華佛學學報第 1 期，76 年 3 月。

32. 大慧宗杲禪師禪法之特色，鄧克銘撰，中華佛學學報第 1 期，76 年 3 月。

33. 僧肇思想之背景及其淵源，劉貴傑先生撰，中華佛學學報第 1 期，76 年 3 月。

34. 太上感應篇之倫理思想，鄭志明撰，鵝湖 143 號，76 年 5 月。

35. 惠能及其後禪宗之人性論的研究，楊惠南先生撰，哲學與文化第 14 卷第 6 期，76 年 6 月。

36. 論禪宗公案中的矛盾與不可說，楊惠南先生撰，東方宗教討論會論集，文殊 76 年 9 月。

37. 漢譯佛經中的彌勒信仰，楊惠南先生撰，台灣大學文史哲學報第 35 期，76 年 12 月。

38. 禪維根斯坦與新正教神學——禪宗傳達真理的問題，鄭學禮撰，釋若學譯，哲學與文化第 15 卷第 4 期，77 年 4 月。

39. 佛陀教法三乘的分立與連貫，蔡耀明撰，鵝湖 170 號，77 年 8 月。

40. 大乘起信論的心性論，釋恆清法師撰，台灣大學哲學論評第 12 期，78 年 1 月。

41. 莊子內篇的實存義，連清吉撰，鵝湖 166 號，78 年 4 月。

42. 從「肇論」「壇經」論大乘空宗、禪宗的神祕主義：兼論道默林對大乘禪宗神祕主義的構思，祝平一撰，鵝湖 166 號，78 年 4 月。

43. 「一元多重心物觀」、「非心非物實相觀」，李杏村撰，十方第 7 卷第 8 期，78 年 5 月。

44. 宋明「三教合一」思潮中的「心性旨趣」論稿，陳俊民撰，鵝湖 172 號，78 年 10 月。

45. 圭峰宗密的三教歸一思想初探，王祥齡撰，鵝湖 177 號，79 年 3 月。

46. 品鑒人格氣象的解釋學，蔣年豐先生撰，東海文學院學報 31 卷，79 年 6 月。

47. 太虛之「人生佛教」和梁漱溟之「人生三路向」的比較，楊惠南先生撰，東海大學哲學研究所「儒釋道與現代社會」學術研討會論文集，79 年 12 月。

48. 禪淨融合主義的思惟方法，釋恆清法師撰，台灣大學哲學論評第 14 期，80 年 1 月。

49. 中國哲學中的方法詮釋學——非方法論的方法論，成中英撰，台灣大學哲學論評第 14 期，80 年 1 月。

50. 晚明《物不遷論》的諍辯研究，江燦騰撰，東方宗教研究第 2 期，80 年 10 月。

51. 唯識哲學之「真」「妄」問題，陳榮灼先生撰，鵝湖學誌 8 期，81 年 6 月。

52. 自我實現與自性成佛，佛日撰，十方第 10 卷第 9、10 期合刊本，81 年 7、8 月。

53. 明末禪宗在浙東興盛之緣由探討，孫中曾撰，國際佛學研究年刊第 2 期，81 年 12 月。

54. 佛學不等於佛教：佛教中國化研究中一個被忽略的哲學方法論問題，尤

西林撰，哲學與文化第 20 卷第 5 期，82 年 5 月。

55. 蕅益大師與《周易禪解》，夏金華撰，圓光佛學學報創刊號，82 年 12 月。

56. 馬祖道一禪師與平常心是道，陳德和撰，鵝湖 226 號，83 年 4 月。

57. 所謂「基源問題」──勞著《中國哲學史》的一項商議，葉海煙撰，東吳哲學傳習錄第 3 號，83 年 5 月。

58. 「體用不二」與體證的方法，楊祖漢撰，鵝湖 228 號，83 年 6 月。

59. 看話禪與南宋主戰派之間的交涉，楊惠南先生撰，中華佛學學報第 7 期，83 年 7 月。

60. 錢謙益的佛教生涯與理念，連瑞枝撰，中華佛學學報第 7 期，83 年 7 月。

61. 明太祖的佛教政策及其因由之探討，釋見曄撰，東方宗教研究第 4 期，83 年 10 月。

62. 原性與圓性：論性即理與心即理的分疏與融合問題兼論心性哲學的發展前景，成中英撰，鵝湖學誌 13 期，83 年 12 月。

63. 略論智顗對空假中範疇的開展，楊海文撰，鵝湖 237 號，84 年 3 月。

64. 維摩詰經之般若智慧，何曼盈撰，鵝湖 237 號，84 年 3 月。

65. 論江右王門羅念庵之思想，劉桂光撰，鵝湖學誌 14 期，84 年 6 月。

66. 禪宗「見性」思想的發展與定型，冉雲華撰，中華佛學學報第 8 期，84 年 7 月。

67. 李贄的教育思想及其時代意義，黃文樹撰，鵝湖月刊 241 期，84 年 7 月。

68. 郭象的自生說與玄冥論，戴璉璋撰，中國文哲研究集刊第 7 期，84 年 9 月。

69. 《大般涅槃經》的佛性論，釋恆清法師撰，台灣大學文學院佛學研究中心學報第 1 期，85 年 1 月。

70. 《維摩詰經》中直心、深心及其相關概念的探討，王開府撰，台灣大學文學院佛學研究中心學報第 1 期，85 年 1 月。

71. 草木有情與深層生態學，釋恆清法師撰，佛教與社會關懷學術研討會，生命、生態、環境關懷論文集，85 年 1 月。

72. 從「境解脫」到「心解脫」──建立心境平等的佛教生態學，楊惠南先生撰，佛教與社會關懷學術研討會，生命、生態、環境關懷論文集，85 年 1 月。

73. 明初朱學學派述論，張克偉撰，東吳哲學學報第 1 期，85 年 3 月。

74. 德清禪師的淨土思想，蔡惠明撰，明倫 266 期，85 年 7 月。

75. 大慧宗杲看話禪之禪法──兼論與默照禪比較，陳榮波先生撰，東海學報 37 卷，85 年 7 月。

附錄一　憨山生死學之思維建構與實踐策略

摘　要

　　晚明禪僧憨山（西元 1547 年～1624 年）的自性禪學，在晚明思想領域中，向來便是學者熱絡討論的素材。但是，其生死思想的義理內涵，則學界深入討論者少，本文的研究目的，便是希望以憨山的生死思想爲研究題材，嘗試進行其思維建構與實踐策略的深入探討。就研究方法言，本文僅在形式上借用了海德格「在世能在」與「本眞狀態」說爲媒介，但全文論述的重心，則主要關注於憨山生死思想之「核心價值」、「義理發展」、「思維模式」以及「實踐策略」各項，依此逐層推論，凸顯其在生死學見解上之思想特質，此外，本文並嘗試依此延伸出與現代教育處境相連結的啓示與價值。剋實而言，憨山式之生死學，並非西方的死亡學（thanatopsis），而是環繞著中國禪宗自性核心價值的一種生死思想；其所呈現的特殊意義，乃是在眞妄夾雜的靈性世界中，建立自性眞我的正向之靈魂認知。此一自性眞我，在憨山言，是每個人都具足的「本來面目」，也是憨山生死學的核心價值。本文的推論，不論舖敘其思維建構或實踐策略，亦均以此核心價值爲運轉基礎。

　　【關鍵字】：生死學、靈性、自性、思維建構、實踐策略

前　言

　　眾所週知者，海德格（Martin Heidegger）《存在與時間》（"Being and Time"）當中的主要論點，即是以「此在」（Dasein）說明每一個人的存在，並以「此在」在世界當中的存在（In-der-Welt-sein，底下均統稱為「在世能在」），結合於時間（Zeit）的不斷湧現形式，據此指稱「此在」的在世生存過程，乃是一種永不停息、不斷綻出（Ekstasen）的創造性過程。而學者余德慧先生則認為：海氏的「在世能在」，根本上而言，就是一種非常強調自我心智作用的「此在」概念，而且是一個必須結合各種條件的「緣」才能構成的緣構概念。〔註1〕從普通人常態的感性與理性角度來理解，凡是透過存有者的「自我」所連結組織而成的緣構世界，也幾乎適用於絕大多數的一般人所感知的世界了；而且，的確在表面上看起來，海德格「此在」的世界概念，彷彿都是儼不可破、固若金湯的。但事實上，問題絕非如此，即令海氏自身，他也高度質疑這種在世架構，雖然被一般人習以為常地接受，但習以為常之外，可能暗藏了許多蒙蔽的部份，恰好阻礙了我們對於生命內面之真實存有的開發與揭示。

　　因此，在《存在與時間》第七十一節「此在日常狀態的時間性意義」中，海德格對於一般人習焉不察的「此在生存於其中的「日常狀態」（Alltaglichkeit），〔註2〕便有一個近乎於佛家「無明」說法的解釋。他認為一般人幾乎都無法脫離「常人」（das Man）的慣性思維，而「常人」在我們的「日常狀態」中，早已經發揮了某種統治一切的絕對優勢。海氏指出：「日常狀態」的根本特點，便在於表現出「常人」可以統治著一切、駕馭一切的特性。〔註3〕但是，正如前述，海氏同時也質疑這一普羅大眾認可的共識，他認為表面上看似理所當然的「日常狀態」與「常人」，可能根本上都深處於「晦蔽狀態」（Verborgenheit）之中，而鮮有人去推究背後可能存在的真實存有。也就是說，我們平日依據自我心智攀緣拉攏起來的常人世界，海氏認為那並非「本真狀態」（Eigentlichkeit）。海氏的形上學推論，讓他深信所有生命現象的最奧秘之處，必定存在著究竟終極的「無遮無蔽」（Unverborgnheit）的真理或本相。雖然它的出現，並不容易，

<hr>

〔註1〕語見余氏《生死學十四講》第七講「重病之後的生命時光」，頁143。

〔註2〕見《存在與時間》第二篇第四章第七十一節『此在日常狀態的時間性意義』，頁449。

〔註3〕以上關於「常人」（das Man）的敘述，主要參見《存在與時間》第一部第一篇第四章『在世作為共在與自己存在──常人』，頁146。

在海氏的終極形上歸趨當中，「本真狀態」的呈顯，〔註4〕必須要在去除掉存在者個人的「遮蔽」（Verdecktheit）、以及揭開存在真理的「封閉」（Verschlossenheit）之後，才能被我們所感知領略。

就生死學的「在世能在」之存有層面來看，在世的常人架構，的確是要有相當錯綜繁複的條件彼此搭配結合，才能成立。〔註5〕如套用海氏自己的思路來看，一般存在者的「在世能在」，在面對無限繁雜多樣的可能性，所必須進行選擇的這種動態模式，事實上也正是常人狀態下的存在者，最基本的一種「此在」呈現。所以，海德格說「此在首先必定是常人，而且通常一直是常人」，〔註6〕這一點，便是說明了一般人在「在世能在」的緣構機制底下，非常不容易跳出常人的存在侷限。

關於這一點，余德慧曾進一步加以詮釋，他認為海德格所謂「本真狀態」的無遮無蔽，從生死學的向度上檢視，往往便是出現在常人狀態下的自我崩毀的過程中。〔註7〕也就是說，海氏的「本真狀態」，一旦扣緊在「自我心智」慢慢毀掉之過程裡，就不會只是一個哲學意義的形上推論，它會以愈來愈清晰明顯的方式，逐漸被我們所感知。換言之，自我心智失去得愈徹底，存在的「本真狀態」（Eigentlichkeit）也就相對顯現得更加清楚。而余德慧還特別透過生死學的角度，〔註8〕稱謂這種本真狀態，即是每個人身上最原初的「靈性」本體。他歸納多數醫療個案，認為此一代表存在本真的靈性本體，常常都是見諸於即將瀕臨死亡的臨終者身上；〔註9〕在臨終者身上，因為自我心智

〔註4〕 底下關於本真狀態的說明，參考自《存在與時間》導論第二章第七節「探索工作的現象學方法」（P44）以及第二篇第二章第五十四節「一種本真的生存狀態上的可能性的見證問題」（P331～335）。

〔註5〕 實際上，海氏也定義其常人狀態下的自我存在方式，強調一定要依託在諸如「保持距離」、「平均狀態」或「平整作用」之類的緣構機制下，才能得到持續發展的基礎（見《存在與時間》第一部第一篇第四章第廿七節『日常自己存在與常人』，頁 161～167）；而「此在」的根本活動模式，則是海氏所謂 Sorge 的狀態，Sorge 意指著繁雜不簡的多樣性處境（見《存在與時間》第一部第一篇第六章第四十一節『煩——此在的存在』，頁 241～247）。

〔註6〕 語見《存在與時間》第一部第一篇第四章第廿七節『日常自己存在與常人』，頁 166。

〔註7〕 余氏對於海德格「本真狀態」與自我心智活動的詮釋，主要見於《生死學十四講》第二講「看見存在的遮蔽」，頁 31～36。

〔註8〕 底下關於「靈性」的說法，主要參見《生死學十四講》第四講「生寄死歸」之『長出靈性』節，頁 80～82。

〔註9〕 基本上，「靈性」是本來就存在於我們每個人身上的靈魂，余德慧此處的說法，

逐漸崩解，存在本眞的靈性本體，將得以在一種無遮無蔽的型態下，慢慢顯現出來。〔註10〕

　　而跳開於海氏這種存在主義的生死學看法，如果我們是站在中國禪者的角度來看的話，可能又會有另外一種不同立場之詮釋與解讀。就如同《金剛經》膾炙人口的名句「應無所住而生其心」所指涉的，一般人都是因爲有四相的執著，才會攀緣出類如海德格所形容的「在世能在」。但是，如果今天有一個人，他完全洞悉了禪者「無我」的生活立場，又可以經常保住「無所住而生其心」的精神境界，那麼，「無所住」所投射出來的無遮無蔽世界，或許不必等到進入他的生命進入臨終之中陰階段，〔註11〕便已足可讓他充分領略本眞狀態的靈性世界了。

　　中國晚明的禪者憨山（西元 1547 年～1624 年），他的生死思想，無論是思維建構或實踐策略，正是能夠在這種靈性世界的體驗型態上，表現出獨樹一幟的特殊創意。

一、肯定「眞我」本體在生死思想中的核心價值

　　在《憨山大師全集》〈師心銘〉文中，憨山謂：

　　　人性本大，超乎形器。直以有我，自生障蔽，習染濃厚，故爲物累。……
　　　反觀內照，念念消亡，精一無二。此乃至人師心之秘，在我求之，

乃是認爲它的呈現，會隨著臨死者的自我心智漸次溶毀，而重新浮現出來。另外，學者戴正德則是透過臨死者對於本身狀況的瞭解型態，區分出「封閉認知」、「懷疑認知」、「心知肚明」與「開放認知」四種不同型態，也可旁證余德慧這種說法。語見戴正德《生死學——超越死亡》，頁 25～26，台北權威圖書出版，2005 年。

〔註10〕目前國內的公私立之靈性關懷組織，大部份也都是以協助即將往生的人，妥善其臨終的靈性照顧爲主。因此，海德格在《存在與時間》中，從「在世能在」的晦蔽境況，延伸出對於終極存在眞相的探討，已經有學者將之運用在生死關懷的臨終課題之上。

〔註11〕憨山的生死觀，是以禪宗明心見性的進路，取得即身成就而超越生死。而一般的佛教見解，則仍然以臨終階段爲超越生死的重要關鍵，例如學者陳兵，就依據藏傳佛教中陰身典籍《明行道六成就法》立場認爲，本性的明光境界雖然本來就存在於我們靈性之中，但絕大多數的普通人，都是在死亡到來時，才會在覺受上感應到一連串以靈性明光爲基礎所變幻出來的種種「光境」。藏傳佛教自蓮花生大士以來，便都有所謂「臨終成就」的法門，即是以證悟靈性明光而得到生死解脫的方法。見陳兵《生與死的超越：佛教對生死輪迴的詮釋》，頁 121，台北圓明出版社，1995 年。

恢有餘地。〔註12〕

一般人總習慣把現前這身心世界（即所謂「形器」）視作「我」的活動舞台，事實上，現前身體心理變化無常，如海德格之描述「在世能在」的遮蔽狀態一樣，「直以有我，自生障蔽」，歸結到頭，所謂「我」的活動，可能還是被緣構世界當中的「假我」所障蔽，見不著真實的靈性本來面目。由於絕大多數的人，只知緊握「在世能在」的「假我」，不知在「人性本大」的本體世界中另有一「真我」，所以一切形器無常、有生也有死，根本永遠無從跳脫。而憨山生死見解中的「真我」，則是「在我求之」的天然本有的本性，〈師心銘〉所謂「人性本大，超乎形器」，套用海德格的術語來看，它沒有「在世能在」的所有蔽晦限制，但卻相對地具備了恆在性與普遍原理，甚至也巧妙地迴避了生死斷滅的問題。在憨山的禪者思維中，唯有此種真我的本性，才能作為我們生命或靈性的主宰。〔註13〕中國禪者畢生精力功夫，常常就是專注在於將類如「在世能在」的「假我」破除，並在一破一立之辨證過程中，力求讓「精一無二」之靈性「真我」、也就是自己的本性，充分開發出來。而且，利用話頭、公案等等特殊的心地磨鍊機制，逐漸破除對「假我」的執著，目的也無非是希望讓此一「真我」積極發揮作用。正如同〈中庸〉「天命之謂性」所指稱的，這種「真我」之「性」，是人人天賦的本來風貌，它才是真實究竟的我，也才是憨山生死思想當中所追求的「本來面目」。

禪者憨山對於生死的基本見解，便是在一開始處，就從真實本性的本體論範疇中，取得一種超越生命假象的覺察立場，洞悉「在世能在」在本質上的虛妄無常。而依此立場所發展形成的生死學，亦即是憨山看待生命價值，建立其本性「真我」這一核心價值的基礎。

值得重視的是，把生死學的關懷話題，以「人性本大」、「在我求之」的內在本性機制為軸心，從一開始就直接連結在本體論層級上面，像這樣子的看待生死，自然會比純粹以「死亡學」或「臨終關懷」的看待方式，在觀照生死現象時，更有能力產生一股由內而外的自主與自信。所以，憨山在〈示優婆塞結

〔註12〕語見《憨山大師全集》卷廿一，嘉興大藏經第廿二冊，頁593。台北新文豐出版，1987年。

〔註13〕所以，站在憨山的立場觀之，即使是靈性世界，也是真妄夾雜的，而禪者的工夫所在，就在於破除因為煩惱習氣所造成的靈魂染污，力求還原自性的本來面目。所以，本文透過憨山生死思想所呈現的靈性意義，根本而言，乃是建立在自性真我的一種正向之靈魂認知。

念佛社〉文中，便以「生不虛生，死不浪死，豈非眞實功行哉！」〔註14〕一語，肯定了這般豁達自主的內在性格。事實上，一個眞正懂得撥開自我內在本性機制、盡情探索靈性風光的中國禪宗修行者，常常都能如此默持著一種傲然自信的立場，即使仍身處於「在世能在」的形式裡面，仍始終可以通過前述《金剛經》「應無所住而生其心」的自我淨化作用，在內面生命中，維持了一份本相「眞我」之生命質感，一方面不太容易受到「自生障蔽，習染濃厚」的干擾或同化；而且，在另一方面，他的一切行事接物，也因爲能夠完全體現生命原樸的本來面目，所以隨意所至，均得以開敞靈性的原味感受，無入而不自得。憨山所謂的「眞實功行」，所指的大概便是這種滲透於性格生命、且由內而外地彌漫在眉宇舉止行爲間的一種存在透視與覺性。總之，憨山解讀生死的整體取向，乃是築基於一種強調自性眞我的正向靈魂認知，依此核心價值建構起來的生死思想，當然亦自有其獨樹一幟的思維創意。

　　只是，憨山似乎也知道，「生不虛生，死不浪死」的生命態度，對禪者而言，固然稀鬆平常，但透過一般人的角度來看，仍不免陳義過高，難以領略。畢竟，就一個習以「在世能在」爲依歸的普通人觀之，佛教所指謂的五欲與三毒，早已經成爲生命難以剝離的底色了。尤其在喧囂紛亂的緣構氛圍之中，「在世能在」根本不是一個靜態的術語，它是活靈活現地與我們生活同步，而且不斷累加各種匪夷所思的變數與障礙，人在緣構世界中，的確常是疲憊不堪，難有精神昇華空間的。那麼，就憨山生死思想的觀察角度言，人與緣構世界中的生死現象的關聯，到底是怎麼一回事？一般人又應該如何從鼎沸的緣構世界中抽離，方得以感受憨山所領略的這種靈性層次之體驗？

　　在〈示董智光〉文中，憨山對於這種解讀生死現象，乃至從緣構世界中抽離、體驗正向靈性的本體論原理，則是進一步透過「眞我」的本體立場，深化本體意義的「自性」說，擴伸爲三個義理思維的方向。

二、憨山解讀生死現象的義理思維方向

　　憨山於〈示董智光〉文中，曾說道：

> 眾生自性，與佛平等，本來無染，亦無生死去來之相，但以最初不
> 覺，迷本自性，故號無明。因無明故，起諸妄想，種種顛倒，造種

〔註14〕語見《憨山老人夢遊全集》卷一，〈示優婆塞結念佛社〉，嘉興大藏經第廿二
　　　　冊，頁 733。

種業，妄取三界生死之苦，是皆無明，不了自心，隨妄想轉。須是
以智慧光，照破無明，的信自心，本來清淨，不被妄想顛倒所使，
則諸業無因，以妄想乃諸業之因也。此何以故？由無始來，迷自本
心，生生死死，以妄想心，造種種業，業習內積八識田中，以無明
水而灌溉之，令此惡種發現業芽，是為罪根，一切惡業從此而生。
今欲舊業消除，先要發起大智慧光，照破無明，不許妄想萌芽，潛
滋暗長。若能妄想起處一念斬斷，則舊積業根，當下消除，所謂不
怕念起，只怕覺遲，覺照稍遲，則被他轉矣。若能於日用起心動念
處，念念覺察，念念消滅，此所謂眾罪如霜露，慧日能消除，以無
明黑暗，唯智慧能破，是謂消除也。若晝夜不捨，勤勤觀察，不可
放行，但就妄想生處窮究，了無生起之相，看來看去，畢竟不可得，
久久純熟，則自心清淨無物，無物之心，是謂實相。〔註15〕

此處的「眾生自性，與佛平等」，原是傳統佛教本體論的心性見解。實際上，
就佛教本體論的普世觀點言，佛教語言裡頭，便經常以「法性」一詞，做為
整個宇宙的共通性本體基礎，而「自性」則較常被運用在特殊指謂的個別對
象上。只是，此處特別值得注意的是：憨山在這段文字中，除了逕直將眾生
的自性本體跨接在「與佛平等」的價值層級中，同時它在「超越」以及「轉
化」生死現象的理念內涵上，也有相當深度的原理性展示，很值得吾人深入
關注。筆者認為：憨山此處的見解，對於以生命本體為輻輳中心的生死學意
義而言，除了前述之積極肯定「真我」的意義之外，還指出了下面三個義理
思考的方向。

（一）人的生死現象是導因於自性的無明遮蔽

首先，在這段引文中，憨山是指出了一般人為什麼會有「生死」的主因。
所謂「由無始來，迷自本心，生生死死」，就是將驅動我們不斷生死流轉的關
鍵因素，訴諸於人對於自性本心的迷失沈溺與不知覺察。而且，恰如「以最
初不覺，迷本自性，故號無明」所言，這種「無明」的力量，〔註16〕不僅會

〔註15〕語見《憨山老人夢遊全集》卷三，〈示董智光〉，嘉興大藏經第廿二冊，頁759。
〔註16〕人的「無明」，會透過自我蒙蔽的鴕鳥方式，產生一套趨生避死的自封意識。
　　　　揆結其基礎，則實在都是建立在薄弱假象的包裝底下，甚至是故意忽視的情
　　　　識所作祟，終於導致自己塵封了自己的真實生命面相。以憨山的禪者立場來
　　　　看，生命的本來面目，原本就貫通於如如不動的一真法界，根本沒有「生死」
　　　　這回事。易言之，生命本來面目，就是與原本不動不滅的宇宙意識完全相容

嚴重障礙我們對於自性的追求、而且亦會在現實的人生活動上，遮蔽了生命本體（也就是「自性」或「本來面目」）的呈現，直接壓迫抵制了我們原初靈性面貌的還原。也正因爲憨山認爲生死現象的起因「是皆無明，不了自心」的緣故，如何在相對的意義層面上，設法將覆藏在無明之下的「自心」彰顯出來，便是緊接著拖帶出來的義理方向。

（二）在自性本身的運作機能中有超越生死的契機

如引文所言者，憨山乃是就我們慣性認知下的「種種顛倒，造種種業，妄取三界生死之苦」的生命現象來檢視，其解讀的基本態度，便是抉取一種回歸本來面目的逆向式立場。所謂「本來無染」、「無生死去來之相」諸語，基本上都已經跳出了前述海德格的「常人」或「日常狀態」的世俗判斷與認知，而直接聚焦在描繪生命本體的純化境界上面。也就是說，憨山乃係以自性清淨的本體終極型態，對顯出各種因爲無明牽纏而洇致生命本體在「種種顛倒」、「三界生死」等問題上面的所有虛妄假象。他所謂「自心清淨無物，無物之心，是謂實相」的「實相」，也就是要明白凸顯自性本身在「無物」的運作機能當中，的確就存在著這種恢復原始靈性生命的自我完備機制之可能性。而如何積極喚醒此一可能性，使之成爲實際上的「可行」，其義理思考的方向，則緊接著訴諸於個體自身的主動汰濾自我、還原自我的轉化原理上面。

（三）正視內面生命觀照覺察的自主轉化力量

連結前面兩個義理構面的精神，最後，憨山就是從實踐的立場，貫徹前述的義理思維，他強調：即使吾人已洞察無明的存在、並且理解了自性本體的真諦，但依然必須先在實際見聞覺知的觀照上面，進行一番「無物」的轉化，整體的徹底自我更新。唯有如此，核心價值當中的真我自性，才真有可能回溯到原初的本真狀態，恢復其「不被妄想顛倒所使」的靈性本來面目。引文所指「發起大智慧光，照破無明」、「於日用起心動念處，念念覺察」或「晝夜不捨，勤勤觀察，不可放行」，都是兌現「無物之心」的實際主張。憨山此一義理精神，就是一種本體論型態的實踐需求。筆者認爲：如〈示董智光〉這般的生死思想，已在義理方向上，揭示了憨山生死學相當強調自主性

相通的。所以，憨山固然一開始，是藉由生命的「無明」立場來看待一般人的生死現象，但同時也積極發掘出引發牽動「無明」的根源性原因——愛慾。因此，憨山生死學之實踐策略，則是極力主張：這種起因於無明而造成的生死輪迴現象，唯有斷愛欲、離開愛慾之念，才能究竟脫離。

轉化的原理。以憨山的立場觀之，必須先透過我們內面生命的自主性轉化，才有可能在我們真實的存在氛圍底下，產生一種跳脫「由無始來，迷自本心，生生死死」困境，呈現自性「真我」的效應。換言之，能否解決生死問題的根本關鍵，除了取決於我們對於無明或自性的理解之外，主要仍端賴我們能否在生命內部，形成這種自我更新的觀照智慧。用憨山的立場來看，顯然觀照覺察的力量愈大，自性本體的天賦能量便會恢復得更快，而導因於無明的生死現象，也相對地愈容易被吾人所超越轉化。相較於海氏《存在與時間》中，僅能依於形上推論，在理論形式上主張應當剝掉人的「遮蔽」（Verdecktheit）以及真理的「封閉」（Verschlossenheit），才可能獲致本真狀態的說法，憨山此處的主張，顯然在表達人如何面對生死現象、進而轉化生死的本體自主價值上面，更凸顯了積極的行動意義。

於是，憨山的生死思維的重心，很明白地，就絕對不會只是一種留駐在靜態本體論的哲學原理，它實際上已經被落實為一套動態呈現的「體」、「用」模式。而經由體用的完美結合，尤其放在「作用見性」〔註17〕的實踐需求上來運用，則最能激化出憨山禪宗式生死思維之獨具魅力。

三、憨山「體」、「用」一如的生死思維模式

底下本文為實際說明之便，將憨山生死思想的思維模式，先大略依據「體」與「用」的層面個別闡述。然而究其實際，憨山基本的生死思維型態，則是一種「體」與「用」相融相即的一致性架構，原本不適合如此的「分別說」，此處暫分體用，純粹只是學術處理之便。

（一）憨山生死思維模式中之「體」：從「眾生自性，與佛平等」的基礎中，肯定小我的生命本質與宇宙大我的法性本質相通

透過前述義理思維方向的第一層展示可知，從「真我」或生命原樸的質感來看，憨山實乃相信：我們的小我的生命本質，應與宇宙大我的法性本質相通，都具備了恆常不變的「無生死去來之相」的基因。憨山所謂「眾生自

〔註17〕 憨山所解讀的「作用見性」說，乃意指在我們平常的行住坐臥之中，就有明心見性的契機，淵源自華嚴海印三昧與六祖惠能自性說，於《憨山禪學思想之研究——以自性為中心》第六章第二節「憨山之作用見性說」中，筆者另有專節詳細探討。參見「中國佛教學術論叢」第96冊《憨山禪學思想之研究——以自性為中心》，頁202～225，高雄佛光山文教出版社，2003年。

性，與佛平等，本來無染，亦無生死去來之相」，也就是說明自性「眞我」的原始樸質特性，是我們每一個人身上都可以驗證的一種永恆基礎。換言之，搭配在生死學的範疇來看，其實憨山乃是主張我們都天生具足了永恆的本體眞我，根本沒有死亡的問題。我們所認定的「生生世世，捨身受身」諸種生死變化，在禪者的眼光底下，僅視若形式光影的變遷代謝而已，而一般人之所以感受到許多不同時空當中的因緣轉換，都只是因爲「迷本自性」、「不了自心」所造成，憨山認爲我們的自性「眞我」，實際上從來沒有「捨」與「受」的問題。他婆憂心切地提醒我們，務必在本體認知的處境上，痛下決斷，拿出我們對於「眾生自性，與佛平等」的絕對自信，「以智慧光，照破無明，的信自心，本來清淨」，才不致一直陷溺在「迷自本心，生生死死」的輪迴困境當中。而經由這種「體」的「無生死去來之相」層面的彰顯，其所產生的透視生死之當下智慧，則可以有助於我們在思維模式當中，爲接下來進一步擴伸爲「用」的「轉迷爲悟」工夫，奠立運作的基礎。

（二）憨山生死思維模式中之「用」：強調個體心性之「迷」與「悟」的作用，會決定一切的聖凡差異

從憨山解讀「實相」的義理方向可知：他堅信任何一個人，都可以透過心性修持的過程，而體驗靈性原型之「實相」特質。在憨山的腦海中，也的確認爲人透過某些心性的修正與鍛鍊，是可以在「用」的層次上，觸摸到這一種存有的原型狀態。尤其兜合在「體」的「眾生自性，與佛平等」認知上，這個原型狀態，更彷彿人類共同基因庫一般，雖蟄居我們的靈性深處，但所有人都毫無例外地，與生俱來擁有此一相同原型。而且，它的存在還具有絕對的永恆性與永在性，完全不受人的生死代謝影響。於是，差異甚大的不同個體，在「用」的層次上，投入程度的深淺多寡，便會關鍵性地決定何者爲「迷」？何者爲「悟」？以及孰爲「凡」？孰爲「聖」？

所以，憨山〈示容玉居士〉文中便強調：如果有一個人能在自己的心性修持中，在各種「用」的境界考驗當中，都明白地「見此性」，洞悉此一自我內面靈性深處的原型奧祕，那麼這個人的心性境界，將等同於「無量壽」，或者即名之爲「佛」。在〈示容玉居士〉一文，憨山如是說：

> 原夫此性，先天地而不爲老，後天地而不爲終，生死之所不變，代謝之所不遷，直超萬物，無所終窮，故稱無量壽。此壽非屬於形骸修短，歲月延促也，吾人能見此性，即名爲佛。吾人苟知自心是佛，

> 當審因何而作眾生？蓋眾生與佛，如水與冰，心迷則佛作眾生，心
> 悟則眾生是佛，如水成冰，冰融成水，換名不換體也。〔註18〕

我們每一個人都有探問永恆真理的心性基礎，也都有共同的靈性歸趨，憨山在這裡指出的一個終極義諦，便是：「眾生」與「佛」只是名相上的轉換，實際上兩者則根本是「換名不換體」，在本體上面畢竟無二無別。至於「眾生」能否實現「自心是佛」，重點就依繫在能否將靈性原型的「生死之所不變，代謝之所不遷」，實實在在地轉化成具有生命實感的「用」的體驗；也就是說，在我們平日的生活實境當中，就應當要能夠產生這種絕對的信心與徹悟。所以，憨山這裡所強調的生死思維模式，已初步彰顯了中國禪宗「作用見性」的一貫立場。此亦即謂：我們心性的「心迷」或「心悟」，應是透過日常生活的境界就可以決定出來，而分判「眾生」與「佛」的聖凡關鍵，也是端看我們在「用」上面的著力深度如何而評定。

（三）體用一如的「作用見性」模式

此外，藉由憨山解讀生死現象的第三個義理方向，我們已經知道：自主自明的行動效應，將會是決定能否轉化生死的重要關鍵。結合於前述「體」、「用」的思維模式，我們因此可以如是說：啟動孰為「迷」與孰為「悟」的必要條件，仍然還是回歸在主動運作的個體身上。如果個體能夠充分融洽「體」、「用」的思維模式，在「在世能在」的常人狀態底下，即令是最普通的行住坐臥經驗，也可以對於自性本體，產生絕對性的相應。而能夠相應於我們靈性的本來面目，「知自心是佛」，自然在工夫見地上面，它就是開悟的表現。反之，如果不能在本體與境界作用中，認證「眾生是佛」或「自心是佛」，心性的作用層面，就依然會呈現為海德格所講的「遮蔽」狀態。所以，憨山這種生死思維的體用模式，從正向的意義發展來看，它必須非常重視「體用一如」的完全一致性。換言之，自性本體並不是理論層級中的自性本體，它的活動場域已是連結在我們的實際心行作用底下，透過主動投入的個體，儼無間隙地落實為「體用一如」的自性本體。

因此，如果我們用比較哲學的角度，來看這種「體用一如」的思維模式，憨山的生死見解，在相對之下，將會是非常講求理論與實際圓融整合的一種典範。正如柏拉圖的洞口火光寓言一樣，絕大部分的人都好像被圈鎖在洞中

〔註18〕語見《憨山老人夢遊全集》卷一，〈示容玉居士〉，嘉興大藏經第廿二冊，頁740。

的囚犯一樣，只憑洞壁投射的偶戲光影，沒有一個人能夠真正看到理型世界的完整風貌。而按照柏氏的說法，現實世界當中，總是存在著叢脞萬端的侷限與缺憾，障礙了我們對於普遍永恆的理型世界之追求。〔註19〕當然，柏拉圖理型論的實在世界，與本文認為憨山所要抓住的所謂「本來面目」或自性本體，根本上是不同的。柏氏的實在世界，是一個由形式和觀念組成的客觀實體，強調它集合一切的完美與真實，屬於柏氏形上哲學思想的核心建構；而憨山生死思想中的「本來面目」，則是順著禪宗獨特的體用思維模式，藉由生命體驗的通路，指出一個包含了芸芸眾生乃至到達究竟境界的佛，全都一體適用、皆可以共同安身立命的法性世界。

　　所以，平心論之，如果以本體論的「真我」意義來重新解讀比驗，那麼柏拉圖無疑較局限於概念上的建構，不強調真正落實在具體世界的感受體驗等等諸問題；但在憨山，透過本體論的「真我」所形構出來的「本來面目」，則是直接呼應於本性的自然作用所開發出來的「體用一如」之連結模式，它既擁有了本體論的概念形式，也同時包攝了真實的生命內涵。也就是說，憨山「體用一如」的特殊生死思維，其生死學的關懷重心，除了自性本體「真我」的靈性意義之外，同時也格外強調它直接兌現在生活當中的種種心性體驗過程。即使到了最後，其生死學的終極旨趣，仍兜回了禪宗的教化目的，希望取證「無生死去來」的了脫生死境界；但兩相對照之下，憨山之生死見解，相較於柏拉圖或甚至海德格，毋寧已是最能減少真理與實存境況的懸異落差，亦屬最具於生命化的一種體驗類型。

　　於是，禪者憨山便憑仗著這種「體用一如」的思維模式，充分融透了禪家「作用見性」的活動特質，特別是在轉化生死的實踐策略方面，既有核心真理層次的價值加持，又同時兼攝了具體生命層次的存在驗證。這種思維模式的特質，促使其轉化生死的策略觀點與原理的運用，都在無形當中，建立了不少令人耳目一新的創意與啟示，值得我們深入探討。

四、憨山轉化生死的實踐策略

　　對於人類的生死現象，除了「無明」的見解之外，憨山在雲棲山寫〈示念佛切要〉一文時，曾特別透過「愛慾」觀念，嘗試給予一種動力因形式的

〔註19〕以上關於柏拉圖理型論之相關陳述，係參考程石泉先生之說法，見程石泉《思想點滴》第十五篇〈柏拉圖之理型世界〉，頁22～23，台北長春樹書坊，1986年。

說明，其文曰：

> 念佛求生淨土一門，元是要了生死大事，故云念佛了生死。今人發
> 心，因要了生死，方纔肯念佛，只說佛可以了生死，若不知生死根
> 株，畢竟向何處了？若念佛的心，斷不得生死根株，如何了得生死！
> 如何是生死根株？古人云：業不重不生娑婆，愛不斷不生淨土，是
> 知愛根乃生死之根株，以一切眾生，受生死之苦，皆愛慾之過也。
> 〔註20〕

在一般世俗的價值判斷底下，「愛慾」的情念意識，最常被縮結以各種文化包
裝的方式來加以合理化，認為那似乎便是每個世間人的存在歷程中，必不可
缺的經驗。而且，在侷限短暫的人生裡面，人世間的「愛慾」，也往往被世間
價值片面膨脹了它的永恆性及完美想像。但是，憨山此處對於「愛慾」，則是
賦予了一種生死現象的動力因詮釋。憨山說「一切眾生，受生死之苦，皆愛
慾之過也」，這句話是認為：我們之所以一直持續輪迴在世間，飽受生死相續、
不得自在的痛苦，痛苦的起因，全是來自於「愛慾之過」所牽引出來的各種
「無明」的業力。〔註21〕所以，憨山又說：「推此愛根，不是今生有的，也不
是一二三四生有的，乃自從無始最初有生死以來，生生世世，捨身受身，皆
是愛慾流轉」，〔註22〕便是指出所有眾生輪轉生死的各種形式，根本上都是為
這種愛慾業力的清償而存在。換言之，我們之所以一再「捨身受身」，不斷重
複擁有海德格所指稱之「在世能在」的生命現象，以憨山的觀點來看，全是
因為「愛慾」牽動了因果、業力所致。而且，如同憨山此處的舉例，從淨宗
信徒清修念佛的宗教立場來理解，修行之目的，也無非是希望從這些相續無
間的「生生世世，捨身受身」輪迴處境底下，得到超越解脫，亟求「了生死
大事」的永恆價值。

於是，順此思維來看，如果我們不能夠從愛慾糾葛的業力漩渦中跳出，
反而一任愛慾情念不斷反噬自己，那麼，可能所有靈性生命的真理追求，抑

〔註20〕語見《憨山老人夢遊全集》卷三，〈示念佛切要〉（在雲棲為聞子將子與母氏
　　　說），嘉興大藏經第廿二冊，頁764。

〔註21〕國內生死學學者傅偉勳先生則是認為，佛教之終極關懷正是在探索人生當
　　　中「苦」的根源，拔除這個根源，則可以徹底解決單獨實存的生死問題。
　　　傅偉勳《死亡的尊嚴與生命的尊嚴》，頁143～146，台北正中出版社，1994
　　　年。

〔註22〕語見《憨山老人夢遊全集》卷三，〈示念佛切要〉（在雲棲為聞子將子與母氏
　　　說），嘉興大藏經第廿二冊，頁764。

或永恆價值的意義實現，最終都只會是一番步空蹈虛的幻想而已。

（一）直接點出「愛慾」與生死現象的關聯性，主張個體在內面生命中，
　　　發展「覺自性光明」的對治機能

　　事實上，如前引「斷不得生死根株，如何了得生死」一語，憨山直接便指出了蟄伏在我們習性當中的「愛根」，它所擴充出來的愛慾流轉，絕對會是罣礙靈性真我追求恆在真理的最主要絆腳石；他援引古德所謂「業不重不生娑婆，愛不斷不生淨土」的用意，正是凸顯世間的「愛慾」與人類生死現象的直接關聯。

　　而且，從憨山「愛慾之過」所引發的啓示性思考，實際上可以涵蓋了兩個層次：一方面它固然是透視了宇宙人生的真相、給予一種生死學的動力因解釋；而另一方面，則是說明「愛慾」在我們力圖掙脫生死束縛的轉換過程中，是一個無法迴避的挑戰。易言之，如果我們不能在內面生命當中，找到核心資源，產生對治愛慾的效能，恐怕仍舊要「受生死之苦」。所以，憨山在〈示袁無涯鄭白生二居士〉中，又說：

> 塵勞中人，在五欲淤泥，縱有超世之志，無奈世間種種牽纏，惡習
> 知見，內薰外誘，最難入手。若任軟暖習氣，放不下胸中惡物又被
> 妄想所使，夾雜纏綿，枉費精神。〔註23〕

他認爲阻礙我們從愛慾生死中跳出的力量，主要有兩大類：其一是從無明累積習性中內化成形的「內薰」，另一則是與各種塵世五欲煩惱牽纏絆生的「外誘」。而從相對的立場來思考「人」的生死學問題，雖然憨山認爲人的所有生死模式都原發自「愛慾」爲主的情念意識，但人的形式，卻同時也是實現真理價值或超越意義的載具。一般習慣在五欲淤泥裡頭打滾的「塵勞中人」，並非只受愛慾情念的各種「夾雜纏綿」被動牽引，在人身的形式底層，原有一個沒有物質性罣礙的靈性主體，蟄藏於生命深處，與我們日常的行住坐臥一起同步運作著。這個靈性主體，套用前述憨山「體用一如」的思維模式來說，就是能夠讓我們「於日用起心動念處，念念覺察，念念消滅」的原發性動力。也是因爲這股潛在的動力被喚醒，才能夠讓我們走上「覺自性光明」之昇華境地，在「常人」的日常狀態底下，就驗證出所謂「當下冰銷」、「脫然無累」的「佛」之存在。所以，跨接在「體用一如」的思維模式中，憨山於〈示容

〔註23〕語見《憨山老人夢遊全集》卷三，〈示袁無涯鄭白生二居士〉，嘉興大藏經第
　　　　廿二冊，頁 766。

玉居士〉文中，便如是說：

> 佛即起覺，覺自性光明，挺然獨露。從前妄想，貪瞋痴業，當下冰
> 銷，業垢既銷，則自心清淨，脫然無累。〔註24〕

此處的「佛」，其實是指內在於我們靈性生命當中的圓滿自性本體的一種作用呈現。如前所論及者，自性雖然恆在，但大多數情況下，卻都因爲「世間種種牽纏」，而形成各種無明塵垢的遮蔽（Verdecktheit）與自我封存（self-sequestration）。〔註25〕所以，憨山此處說「佛即起覺」，乃是運作其「體用一如」的思維模式，意謂我們可以透過開發內心當中、那份超越塵世煩惱的「真我」本能，重新給予一切身心境界，以一種「作用見性」的覺醒觀照與靈性提昇。

因此，憨山此處的「佛」，如同前引「眾生是佛」一般，在語意學上面，都是屬於意義指涉的運用，它是指原發於自性的一種醒覺面相之描述，也就是：能夠「起覺」的覺性，在充分圓滿活動的境況下，即名之爲「佛」。又因爲「眾生日用，念念妄想，念念受薰，則一日一夜，生死無窮」之故，這種覺性的作用，必然還一定要時時刻刻都起作用才可以，所謂「念念覺察，念念消滅」或「勤勤觀察，不可放行」，都是明指這種覺性，應該隨時保持有力的正向活動狀態。所以，「作用見性」的體用模式，不是只做吉光片羽的一時顯露，它還必須真實地工夫成片、沒有間斷地挺顯「起覺」的工夫，才能在抗制愛慾、轉化生死的意義上，產生積極的對治效能。以憨山的實踐立場來看，能不能從「生死無窮」中振拔出來，主要就與個體能不能隨時保住覺性的活動，直接攸關。

（二）肯定心念的「薰變之力」，可以成為出離生死的重要動力

另外，於〈示大凡禪人聽演楞嚴宗旨〉中，憨山則從更細微的「心念」層面，凸顯其在「造生死」與「出生死」問題上面的重要性：

〔註24〕語見《憨山老人夢遊全集》卷一，〈示容玉居士〉，嘉興大藏經第廿二冊，頁740。

〔註25〕余德慧先生透過海德格的「常人」界定，認爲「常人」的存在必定會被緣構世界當中的『非自身』（Otherwise than Being）、『被拋』（Be thrown）與『掉落』（Be fallen）三層機制圍繞住，而產生一種存在的自我認定，此即所謂「自我封存」。語見《生死學十四講》，頁37～45。事實上，不管是「遮蔽」或「自我封存」，對憨山來講，都只是一種伴隨著「世間種種牽纏」的「假我」活動，畢竟不見實相，他認爲必須轉向投入於自性靈明的覺性作用之中，才有契入生命正向真理的可能。

> 以前妄想，乃造生死之染因也，念佛一念，乃出生死之淨因也。果
> 能將此淨念，薰前染污苦因，變而爲淨土眞因，則頓令無量劫來生
> 死苦因苦果，變而爲淨土樂因樂果矣。總之，聖凡本無二路，皆因
> 染淨薰變之力耳。〔註26〕

仔細審閱憨山「造生死之染因」與「出生死之淨因」這一組相對的用語，即
可大略推斷此處憨山對「生死」一詞的解讀，主要都是指謂著一種生命輪迴
的相續現象。實際上，從禪宗修行者的立場觀之，他們常會對於這種生死相
續的無止盡狀態，產生一種厭離的出世意識。所以，憨山在這裡，便基本上
踵循著禪宗的出世意識，而形成其實踐策略。其中，他以「染污」的形容字
眼來描述生死，同時又用「生死苦因苦果」一語，說明一般人總是在生死相
續的輪迴泥淖中，絲毫無有察覺地不斷製造錯誤，並且持續產生愈陷愈深的
因子。憨山如此說的用意，即是點出我們「造生死」的習性當中，的確有許
多習慣性的不正確心念（「妄想」），早已根深蒂固地左右我們的生命型態。因
此，如何從已經陷在「染污」泥淖中的生死，翻造出一股可以「出生死」的
強勢動力，便成爲一個重要課題，它不但將會直接決定「作用見性」的實際
效果，也將會影響到能否轉化生死、乃至終極地出離生死的問題。

　　於是，在禪者出世見解的基礎，以及「出生死」的強烈需求下，此處憨
山的實踐策略，便是定位在人的「心念」工夫層面上。引文中，「念佛一念，
乃出生死之淨因也」一語，憨山便是鼓勵人累積念佛的「淨因」，以持續的「淨
念」功夫來轉變「染因」。他認爲會牽纏我們掉入生死相續輪迴處境的，既然
是「染污」的習性所造成；那麼，反向式的「淨念」修爲，相對之下，便能
產生洗滌染污心念的效果。憨山顯然相當堅信，即使原本是「造生死」的習
性，也是可以透過長期的「淨念」薰陶而轉化，所謂「將此淨念，薰前染污
苦因，變而爲淨土眞因」，便正是藉由心念的「薰變之力」，製造「出」生死
的向上資糧與強大動力。

　　所以，「心念」的掌握，尤其形成慣性的一種「薰變之力」，對於憨山如
何轉化生死的實際效應來講，毋寧是極重要的一個關鍵點。在〈示盛蓮生〉
文中，憨山也說：

> 一切諸法，皆自心生，若不觀心，而求脫苦之路，猶卻步而求前也。

〔註26〕語見《憨山老人夢遊全集》卷五，〈示大凡禪人聽演楞嚴宗旨〉，嘉興大藏經
　　　　第廿二冊，頁790。

〔註 27〕

依前述的推論，「觀心」的意義，如果要與「脫苦之路」相銜接的話，那麼，「觀心」很明顯地就是觀照可以成為淨因或染因的「心念」，隨時腦神警覺地運轉「作用見性」的汰濾功能，務求斷去「愛慾」的染因、不再落入「常人」的封存窠臼內。而且，藉由「作用見性」的通路，「無物為心」的真我自性或靈性本體，也相對地會更容易被我們所感受。總之，在「一切諸法，皆自心生」的戒懼下，即使吾人早已在思維情境中，掌握了轉化生死的環中道樞，憨山仍主張應該時刻提高自己的警覺強度，不隨意放過每一個「心念」。由此可知，憨山這種藉由心念的薰變之助，而「出生死」的實踐策略，主要的落實重點，還是在於提防或抗制可能染污的生命傾向。而轉化「染污」為「清淨」，在憨山的生死思維裡頭，便代表著一種撥迷歸覺、超越輪迴處境的生命智慧。

（三）以「一切萬緣，盡情放下」的自我洗淨作用，超越「生死不斷」之
　　　輪迴處境

其次，在〈示玉覺禪人〉文中，憨山又說：

學人修行，為生死大事也，以心中念念不停，故生死不斷，欲實為
了生死，必要把一切萬緣，盡情放下，放得乾乾淨淨。〔註 28〕

此處，憨山係以心性層面的本體論立場，做為追查生死現象之所以總是「生死不斷」的基礎。〔註 29〕援用海德格的說法，一般人總是習以「常人」狀態包裝自己，認為可以從「在世能在」的緣構模式中，針對自我心智，經營出一套自我合理化的存有感受。但是，就憨山此處所透析的本體論生死立場來觀察，這些常人狀態的存有感受，可能不僅僅只是偏約取向、見解不周延的「遮蔽」而已，在「心中念念不停」的自我心智不斷強化下，甚至還會與我們周遭的「一切萬緣」交融結合在一起；最後，終於凝結成為一股主導我們生命流向、長期陷於「生死不斷」輪迴處境底下的重要原因。所以，憨山在這裡，扣緊本體論的真我自性為主軸，特別呼籲我們應該從我們的心性天賦

〔註 27〕語見《憨山老人夢遊全集》卷五，〈示盛蓮生〉，嘉興大藏經第廿二冊，頁 787。
〔註 28〕語見《憨山老人夢遊全集》卷二，〈示玉覺禪人〉，嘉興大藏經第廿二冊，頁 754。
〔註 29〕事實上，透過佛教基本教義當中「三法印」思想之一的「有受皆苦」法印來看，人在輪迴漩渦當中的「生死不斷」現象，確實就是實指著一切痛苦煩惱經驗的匯集。所謂「有受皆苦」法印之『受』字，筆者認為在生死學的角度下，應該就可以泛指一般人在「生死不斷」歷程當中的各種意識型態與感受。

裡頭，即刻產生一種自我清淨的轉化機能。而這樣的自我清淨運作，其實也十分容易理解，它只是從原本緊抓自我心智的緣構概念中，轉向為一種釋放或超越的型態。也就是說，一般常人狀態下的自我，多半習慣依託在緣構的機制下，才能得到存在的感受；而憨山此處的實踐策略，則又是反方向地主張我們應當從擁有許多意識型態的「常人」模式中跳離，將此自我心智徹底「放下」。憨山所謂「學人修行」的「修行」要領，也就歸結在於這種自我心智「放下」的轉化意義上。〔註30〕

換言之，將自我心智由緣構的「在世能在」中，經過「一切萬緣，盡情放下」的洗淨作用，在「放得乾乾淨淨」的同時，我們的自我心智，將會因為解構，而轉身為另一種以本來面目為主的靈性風貌。

而且，如前所言者，站在憨山的禪者身份來講，這一個解讀生死現象的解構立場，實亦不必等待生命已屆流失的「受病」或甚至「瀕危」階段才能感知。因為這種自性真我的「本真狀態」，在禪者平常的行住坐臥裡頭，早已是被以「作用見性」的方式，時刻鎖定著。所以，在底下引文中，憨山便因此認定：從本體的根源處，依「作用見性」而開啟「見」本來面目的活動，乃是轉化生死現象的必要步驟。

（四）秉持「但信此心，本來無物」的信念，強調本體的根源處的「做工夫」，必定可以還原「本來面目」而「出生死」

憨山於〈示念佛參禪切要〉文中指出，普遍內具於每個人靈性根柢的「本來面目」，其實都可以透過心性「工夫」的實際操作，而當下得見，他說：

> 今人但信此心，本來無物，如今做工夫，只為未見本來面目，故不得不下死工夫一番，從此一直做將去，自然有時頓見本來面目，是出生死，永無疑矣。〔註31〕

文中所指「但信此心，本來無物」者，借用余德慧詮釋海德格「在世能在」

〔註30〕關於「放下」的轉化意義，筆者頗認同於中國生死學學者鄭曉江的「生活減擔」說法。他認為，我們要學會在人生當中「減擔」，即減少人生中的邊邊角角，避免過多地偏離生活的主航道，放下生活中這樣或那樣的不必要的活動與負擔。他認為「生活減擔」不是消解人生的奮鬥精神，而是要求人們在最適合自己的獨特的人生之路上奮發有為，獲得成功，成為生活中的強者，更成為為人生的幸運兒。見鄭曉江《生死學 Thanatology》，頁 120～121，台北揚智文化出版，2006 年。

〔註31〕語見《憨山老人夢遊全集》卷四，〈示念佛參禪切要〉，嘉興大藏經第廿二冊，頁 783。

的說法，是意謂在自我心智的「在世能在」整個裂解之後，心性本體以一種「本來無物」的原初型態，顯示其「本眞狀態」的靈性面目。由本文推論可知，雖然余德慧認爲這多數只出現在瀕死者的生命感受裡，〔註32〕但是，類如憨山這樣的禪師，如同前述所指出的，禪者們幾乎都深信：禪修的必要程序，就是要先進入此一「本來無物」的靈性層次中，親自驗證自性的本來面目，最後才能終極地取證了生脫死境界。所謂「做工夫，只爲未見本來面目」者，正是代表著禪者們都有一種特別的普遍信仰，他們相信：即使是海德格在形上思維中所推論出來的「本眞狀態」的存有型態，只要它確實是指向每一個人都共有的本性世界，〔註33〕那麼，禪者們便直截地認定，在實踐策略上，一定都可以通過心性工夫之修正與還原，而完整獲得。

憨山對於「本眞狀態」的靈性自我之實際體會，便是透過還原本來面目的「做工夫」修持，在日常生活當中「作用見性」，預取了它的存在。而且，不斷強化的「但信此心，本來無物」之濃烈信念，更讓原本蟄藏生命深處的清淨靈性，確實有機會從隱晦默存的狀態中，重新甦醒還原其「本來面目」，成爲我們能夠親切領會的生命感受。

所以，筆者認爲：這種憨山式的生死學，業已代表著一種化被動爲主動的實踐精神。正如馬斯洛的七層級理論，剖開了人類的生命取向當中的確有不斷追求完美價值的實現動力一樣，憨山極力還原「本來面目」的濃厚信念，本身也代表一種主動徹悟覺醒的實現動力。憨山堅信我們的本體根源處，絕對有一個共通共屬的「本來面目」，只要我們願意主動地「下死工夫一番，從此一直做將去」，時刻體察觀照此一靈性本體，在平日的「常人」狀態下，它就是一個可以產生轉化生死、「見本來面目」效應的顯性原理。而這種「做工夫」的實踐策略，也因此在憨山生死思想中，便標幟著一種高度強調自我還原「本來面目」以及「出生死」的積極態度，很值得我們正視。

〔註32〕余德慧認爲瀕死者的自我心智，將是一種「默存性的心智自我」，也就是在日常狀態底下，「默存性的心智自我」幾乎都蟄伏在生命深處、隱晦不顯。然而，當自我心智的「在世能在」機制整個裂解之後，蟄伏的默存性心智自我便會取代「常人」，轉身爲明顯的活動狀態。海德格所謂的「本眞狀態」，實即默存自我的狀態。余語見《生死學十四講》第三講「抵達無蔽的領會之前」，頁54～61。

〔註33〕海德格《存在與時間》第二篇第二章「一種本眞能在的此在式的見證，決斷狀態」（P331～370）中，便是以每一個人都共有的良知本體（Gewissen），作爲見證本眞狀態存在的主要基礎。

五、結論：憨山生死學之思想特色與教育價值

　　綜上所述，本文針對憨山生死見解的探討，雖然在語言形式上，借用海德格《存在與時間》的「在世能在」與「本真狀態」等概念為媒介，但實際上，憨山獨樹一幟的生死學思維，已明顯可見其特殊不群的思想性格。底下分依「核心價值」、「思維模式」、「實踐策略」以及「終極關懷」諸項，歸結其思想特色。

　　（一）從核心價值的層面來看：憨山生死學乃是超越生死的自性生死學

　　憨山生死思想之核心價值，係在於積極彰顯人人皆有一天賦本具的永恆自性。憨山涉入生死領域的見解，均以類如〈示容玉居士〉所指出之「生死之所不變，代謝之所不遷，直超萬物，無所終窮」的自性本體，作為運作的軸心基點；筆者認為，這是一種本體論色彩十分濃厚、源發於禪宗式體驗的價值觀點。以憨山的生死學邏輯來看，核心價值當中的自性能夠彰顯，內面生命的原初靈性面目、或即「本來面目」的本質性存在，也就同時可以為我們所洞悉感受。而相對之下，這種核心價值的體驗，也可以因此有助於我們從「生生世世，捨身受身」輪迴處境中，得到超越解脫的可能。換言之，從憨山生死思想的核心價值，就可知憨山之生死學，實際上乃是一種建構在禪宗本位立場下之「超越生死的自性生死學」，此乃憨山生死思想的第一個重要特色。

　　（二）從思維模式的層面來看：憨山生死學強調「轉化生死」的實存體驗

　　由於「體用一如」的生死思維模式，使得憨山生死學的思考方式，在一開始處，便不同於海德格式的形上學進路，也完全相異於柏拉圖式的純粹概念建構。前已述及，憨山「體用一如」的生死思維模式，雖然也可以從本體概念的角度來觀取其「本來面目」，但其實際上之思考運作邏輯，卻是將本體論的核心價值，以憨山所謂「能見此性，即名為佛」、也就是禪者「作用見性」信念下所慣取的「體用一如」之連結模式，表現成為我們具體實存情境當中，各種生活層境意義的轉化與提昇。換言之，憨山生死學當中所形構出來的真我自性之「體」，它的存在，並非孤閉幽清的存在，甚至也根本不適合以理論型式的形上概念來理解它；主要原因，乃是因為憨山所意許的「體」，必定是晶結合在日常的心行作用當中，以類如「轉生死為涅槃」或「轉煩惱為菩提」之特殊「用」的型態存在著。所以，憨山「體用一如」的生死思維模式，可謂相當強調「轉化生死」的各種具體感受體驗，這也是憨山生死思想的第二個重要特色。

（三）從實踐策略的層面來看：憨山生死學重視自我覺性觀照的行動特性

如果我們特別以憨山轉化生死的實踐策略觀之，那麼，無論是「念念覺察，念念消滅」或「勤勤觀察，不可放行」的覺性觀照，或是藉用持續的「淨念」功夫來轉變「染因」的種種「薰變之力」，乃至於解構自我心智而「自我清淨」的轉化策略；在行動意識上，正如本文所推論者，憨山為了要達成實際跳脫「生死無窮」束縛的目的，都十分強調覺性觀照的自我鍛造機制。當然，這個見解主要仍是依繫於佛教對於「世間」以及「出世間」的界定與價值判斷。但套用在生死學的象限中觀察，我們一般人習以為常的生死現象，就佛教的超然立場來看，的確不過視如夢境當中之覺受；〔註 34〕也就是說，夢中的所有快樂傷痛，看似真實，就醒悟的角度看來，可能仍然只是一番妄想而已。所以，大乘般若系統的經典中，便常用「夢幻泡影」來譬喻我們的這一場人生大夢。憨山禪者的覺悟能量，之所以能獨異於塵井凡夫，主要也就在於能夠隨時腦神警覺地洞悉世間萬法、包括生死現象在內的所有夢境覺受。因此，他所謂「念念覺察」或「勤勤觀察」，重點也全在於強調禪者的內面生命當中，的確另有一種覺性觀照的自我鍛造機制，二六時中無間斷的持續作用著。像憨山這樣的禪者，正是依此內在機制，而可以在塵不染、進一步轉化「生死無窮」、躍升為涅槃解脫的自由自在境地。這一個行動特性，在其生死學見解裡，佔有相當重要的意義，筆者認為這是其第三個特色。

〔註34〕 不獨佛教有這樣的說法，根據 Margaret Evans Price《希臘羅馬神話故事》中敘述，在希臘神話故事裡頭，蘇格拉底以前的先蘇時期希臘人，也相信掌管人類死亡的神祇 Thanatos 與掌管睡眠的神祇 Hypnos，乃是雙胞胎兄弟。足見死亡與睡眠，的確在普世的認知形式上，很容易就給人近似的感覺。兩者核心的差異，或許就只在於死亡缺少了自我重新甦醒的機會了。而憨山生死學的獨擅之地，正是扣緊這個自我重新甦醒的部分；一方面他在普世形式的認知型態上，理解生死乃夢幻中事，另一方面則又能在平日琢磨本來面目、洞悉靈性自我的永恆性存在。所以，毋須等到生死大事現前，內面生命就已經充盈著自我甦醒的豐沛能量。Thanatos 與 Hypnos 故事，見 Margaret Evans Price 著，王軍譯《希臘羅馬神話故事》，頁 2～6，台北水牛書局，1999 年。另學者戴正德則主張，人如能因為理解了死亡，進而消解死亡之疑慮，則反而更能「對重生的機會加以積極的投入」，也可稱之為是一種生命的收穫。當然，在憨山生死見解中，並不談論未來的重生問題，他積極投入的是還原自性真我的本來面目，生命的收穫，則是正向靈性主體的當下取證。戴正德說法，見戴氏《生死學——超越死亡》，頁 98。

（四）從終極關懷的層面來看：憨山鼓勵人在因果架構下實現出離生死
　　　之目的

　　毫無疑問，憨山對於造成生死現象原因的觀察，是取決自「迷自本心，生生死死」的徹悟。而他終極的生死學見解，也是建立在「一切諸法，皆自心生」的基本信念上面，主張應從心念的自我淨化中，建立禪家了生脫死、當下取證本來面目的終極訴求。值得注意的是：為了要實現這種生死學的終極理想，憨山主張吾人應當在事相上面，全面性地履行「出生死之淨因」，務求不在因果型態當中重覆誤蹈生死相續的「染因」。他認為只有在「因地」當中，努力去妄存真，才有趨證原初靈性自我、明心見性之可能。換言之，即使悟性明銳如憨山者，他也仍踵循著最基本的因果架構，由內而外地脫胎換骨、一步一步漸進式完成了生脫死的終極目標。此種實現終極理想的模式，乃是藉由因果的架構，努力維繫人在生死輪迴中的向上提昇力量，並且，始終保持住內面靈性生命的自我淨化，以及不再「造生死之染因」的心念規定，持續強化自主自明的覺性證量，從而建立生命的正向價值與觀照境界。從佛教的因果相續理論觀之，現在此刻之所有生命活動的品質高低，與我們過去之心念活動，絕對是密不可分的。筆者認為，憨山生死學之終極理想，正是通過如此的因果架構，鼓勵人在輪迴處境當中，以持續成片的心性工夫，保持向上提昇、進而出離生死的超越動能。而這種終極關懷的實現方式與表達方式，一方面既包孕了「體用一如」的思維性格，一方面也符應於覺性觀照的行動特徵，絕非一般枯窘呆滯的形上理論可相比擬，此乃特屬於憨山生死學的第四個思想特色。

　　總結這四個思想特色可知，對於生死的基本見解，憨山是分別從法性實相的宏觀視野以及內面靈性生命的自性真我當中，取得一種超克生命輪迴的覺察立場和思維模式。依此覺性之思維，便是憨山看待生死現象，建立其生死思想的主要基礎。

　　此外，搭接在憨山獨特的行動意識與終極關懷，其面對生死問題所開示的卓越洞見與觀點，即使安置在現代人的實存感受之中，也都仍然有其深刻的教育啟示與意義。特別就「覺性」思維與「靈性」層面的意義來觀取，在大學通識教育以及目前方興未艾的老人教育範疇裡面，憨山的生死智慧，筆者認為都頗具參考之價值。底下略分兩點說明之。

　　第一、以「覺性」的價值融入通識教育理念

　　首先，就憨山生死學當中的「覺性」思維觀之，正好可以有助於通識教

育對於「人」內在蘊涵的開發與深化。尤其現代人處身在價值紛亂無從、社會劇烈變遷的處境中，除了每日必須要面對緣構世界當中的喧囂紛亂而疲憊應對，又常為「在世能在」無止盡的慾望而徊惶奔走，生活時而陷入僵化沈悶，生命實具的本來面目早已被壓迫抵制而隱晦不顯。所以，早在七年前，黃俊傑先生於《大學通識教育的理念與實踐》中，就已提出「人的覺醒」的教育理念，倡導以之作為通識教育的重要實踐方針。〔註35〕而在本文實際上的推論裡面，也一再印證：在憨山生死學的思維建構與實踐策略當中，便能夠透過我們內面生命的「覺性」思維，而有助於我們在「人」的意義上面，樹立「人」的自主自明的「覺性價值」。所謂「佛即起覺，覺自性光明」者，便是積極主張：只要我們願意落實「起覺」的觀照工夫，開發原本內在的主體性，每個人都可以擁有屬於自己的心靈覺醒，也都可以有能力檢視出人生現象當中的虛妄存在。放眼當前浮躁萬端的現代人心，的確格外需要這種覺性價值的協助與指引。而在校園通識教育理念中，如果能夠更積極地融入「覺性」的課程內涵，必定更能有助於通識人文理念的提昇與實際效應。筆者認為，憨山生死學啟示現代人的首要意義，正是引導學習者開發自主自明的主體性；透過主體性的自我成長，才能讓學習者產生由內而外的本質性變化。而這種「覺性」的價值，更應該被視為是通識教育的人格養成之重要基礎，非常值得我們在實際的教學素材當中，加以強調。

第二、凸顯「靈性」在老人生死教育中的重要地位

其次，如本文前所論述者，類如憨山這樣的中國禪者，乃是透過剝開內在心靈機制，以永續觀念來看待生命議題，洞悉了自性本體此一「靈性自我」永遠恆生的生命秘密。也就是說：「靈性」並不是只能以臨終關懷的方式表現，在展露「本真狀態」的生命實相上面，憨山的生死智慧已然啟示著一種在日常生活狀態下，就可以自我喚醒的生命價值。這種生命價值，憨山從兩方面來詮釋它：一方面，它既可以在終極的生命型態當中，表現為「出生死」、讓我們超越生死的困惑；另一方面，同時又可以依藉心念的「薰變之力」，在日常生活的實存因果架構底下，一步一步地喚醒自我，讓我們更趨近於終極的

〔註35〕黃俊傑認為，通識教育乃是一種建立人的主體性，鼓勵人完成心靈的覺醒。他強調這種「人的覺醒」的教育，是使受教育者的人格狀態產生本質性的變化，此變化遠比形式性的教育途徑深刻而有效。黃俊傑《大學通識教育的理念與實踐》，頁32～38，中華民國通識教育學會，2000年。

生命境界。由於這種「靈性」的深度體會，憨山是將之完全落實在日常的行住坐臥之中，以「作用見性」的體用模式表現出來，因此，無論對人對事對物，只要始終保持著這種生命「本真狀態」的靈性透視，毋須等到吾人形體灰滅，「靈性」就已是一個十足生活化的課題。

所以，就如天主教「永生種子」﹝註 36﹞的說法一樣，洋溢在憨山生死學中的靈性自我，也可以有助於我們從生死的侷限迷思中跳出來，而且它是在濃厚的行動意識當中，肯定了我們生命當中的「當下」，便有終極實相的「可行性」義涵。﹝註 37﹞這樣的生死學理念，展露在性格生命上，尤其看待「生死大事」，自然又別是一番豁然開朗的風貌。

目前國內老人教育的共識已臻成熟，但關於高齡老者的生死教育，雖然已有「靈性」相關的福祉機構極力提倡，但多半仍延伸自醫療照護與臨終關懷的課題。而我們透過憨山這種生死思維，則的確可以更擴伸目前國內老人生死教育的靈性理解之廣度與內涵，有關於老人生死教育的課程設計，應當可以積極地強調出這種生活化的思想主題。筆者認為，透過靈性層面的生活化詮釋，必定可以讓老人生死關懷的福祉價值，得到更寬廣的落實與發揮。

當然，回顧以上的論點，不管是「覺性」或「靈性自我」，以憨山的立場觀之，都仍然必須借重「觀心」的基礎，才有其務實性的意義。在憨山禪者的本位思維中，一般人繚繞不堪的生死問題，其實並沒有那麼難解，因為那根本只是「迷自本心，生生死死」，乃是「心」迷失之後的一連串夢幻假象。他的生死見地，主要便是在於強調我們每個人都有一永續恆在的靈性本體，只要我們願意徹底落實「觀心」的工夫，身心世界都會隨之昇華轉化。以他的思維邏輯來看，一旦能夠還原了「心」的清淨面目，找回自性真我，即使

﹝註 36﹞「永生的種子」是意指不會被物質所化約、且足以抗衡死亡的生命秘密，教宗若望保祿二世認為這個生命的秘密，來自基督，而且也是基督直接將它接枝在人性之上，深植於每個人心中。見 Matthew E. Bunson 輯錄，中國主教團秘書處譯《教宗的智慧》，頁 17～19，台北立緒圖書出版，1996 年。

﹝註 37﹞借用黃俊傑先生的說法，憨山的見解，不僅有其理想層面的「可欲性」（desirability），而且也都有其實踐層面的「可行性」（feasibility）。他非常明白：必須要能實際運用最有效的方法，以積極的作為，還原出靈性自我，才能達到了脫生死的目標。黃氏之語言脈絡，乃是立足於通識教學的教育內容。他認為從傳統中國人文通識教育中，可以開發出許多涉及自然及超自然問題的通識內涵，不但有其可欲性（desirability）而且有其可行性（feasibility）。語見黃俊傑《大學通識教育的理念與實踐》，頁 55，中華民國通識教育學會，2000 年。

面對人的「生死」如此複雜萬端的現象，也都可以得到終極增上的超越。所謂「若不觀心，而求脫苦之路，猶卻步而求前」，這一洞察生死現象根源的生命智慧，便主導了憨山生死思想的整體發展。

事實上，我們通過憨山思想，對照在國內高齡族的老人教育中，也確實會有若干極具正面的啓示與價值。依據教育部 2006 年底《邁向高齡社會 Senior Education》一書之願景規劃，其中，老人教育之「學習意義與智慧」實施綱要，已經將「沉思生命意義」、「內在心理昇華」以及「超越身體有限性」諸項，規劃為未來我國老人教育的「學習意義與智慧」之工作重點。〔註38〕雖然目前仍未有詳細之落實做法，但憨山上述這種強調「觀心」的心性見解，對於老人教育的「意義與智慧」之學習，無疑已經提供了非常有參考價值的務實性方向。

而且，正如葉海煙〈這一副身軀〉文中所說的：「我們必須把關注從形體轉向無形的心靈世界，而讓身心得到足夠的滋養，生命才可能因此隨時充滿勁道與活力。」〔註39〕現代人最需要的生死智慧，其實並不是在臨終的時候才派上用場，憨山「日用起心動念處，念念覺察」的生命態度，便啓示著我們：眼前當下的任何一個「觀心」的覺照，就是一個跨越生死的體會。愈是如此智慧地對待生與死，人生當中的活動與意義，便愈足以得到純化與提昇；而所謂「自心清淨，脫然無累」的靈性自我，當然也愈能在我們的實存生命當中，兌現出它無窮無盡的「勁道與活力」！

本文參考文獻

1. 蓮花生大士著，揚智譯《中有聞教得度密法》，台北大乘精舍印經會，1983年。

2. 釋惠能《六祖法寶壇經》（宗寶輯錄本）台中瑞成書局，1985年。

3. 程石泉《思想點滴》，台北長春樹書坊，1986年。

4. 戴華山《語意學》，台北華欣文化事業，1987年。

5. 釋憨山《憨山大師全集》，嘉興大藏經第廿二冊，台北新文豐出版，1987年。

〔註38〕 以上引據資料，參見教育部《邁向高齡社會 Senior Education》第一部份「邁向高齡社會的挑戰」之第三章「高齡社會中老人教育的必要性」第四節『學習意義與智慧』，頁 15，行政院教育部編印，2006 年。

〔註39〕 葉海煙〈這一副身軀〉文，見 2007 年 1 月 29 日國語日報第五版「方向」專欄。

6. 釋憨山《憨山老人夢遊全集》，嘉興大藏經第廿二冊，台北新文豐出版，1987 年。

7 馬丁‧海德格 Martin Heidegger 著，陳嘉映、王慶節譯《存在與時間》上下二冊（"Being and Time"）台北唐山出版社，1989 年。

8. Frank Thilly 著，陳正謨譯《西洋哲學史》，台北商務印書館，1990 年。

9. 傅偉勳《死亡的尊嚴與生命的尊嚴》，台北正中出版社，1994 年。

10. 陳兵《生與死的超越：佛教對生死輪迴的詮釋》，台北圓明出版社，1995 年。

11. Matthew E. Bunson 輯錄，中國主教團秘書處譯《教宗的智慧》，台北立緒圖書出版，1996 年。

12. Margaret Evans Price 著，王軍譯《希臘羅馬神話故事》，台北水牛書局，1999 年。

13. 黃俊傑《大學通識教育的理念與實踐》，中華民國通識教育學會，2000 年。

14. 陳松柏《憨山禪學思想之研究——以自性為中心》「中國佛教學術論叢」第 96 冊，高雄佛光山文教出版社，2003 年。

15. 余德慧《生死學十四講》，台北心靈工坊，2004 年。

16. 戴正德《生死學——超越死亡》，台北權威圖書出版，2005 年。

17. 劉易齋《生命管理學概論——生命教育的思想與實踐》，台北普林斯頓國際有限公司，2005 年。

18. 鄭曉江《生死學 Thanatology》，台北揚智文化出版，2006 年。

19. 教育部《邁向高齡社會 Senior Education》，行政院教育部編印，2006 年。

20. 葉海煙〈這一副身軀〉，2007 年 1 月 29 日國語日報第五版「方向」專欄。

附錄二 《老子道德經憨山注》之老學詮釋模式與通識教育啓示

摘 要

晚明禪僧憨山（又名德清、澄印，西元 1547～1627 年）存世之老學注本《老子道德經憨山注》，自問世以來，學界援用其注文的情況很普遍，但對於其詮釋老子義涵的思考模式，輒多未能深入研究。實際上，憨山所解讀的老子思想理念，除了源自於他個人的禪者本位立場外，同時還融入了佛教心性哲學的終極價值，非常值得我們一窺堂奧。本文主要學術目的，便是以其老學作品《老子道德經憨山注》爲聚焦探討的基礎，一方面闡述憨山如何將老子思想巧妙轉化成佛教自性說的問題，釐清其老子注本的主要思考模式；另一方面則是嘗試將憨山的注解經典態度，放置在目前大學通識教學的層面上，希望藉此活化出這位晚明禪僧的精采神韻，解讀其在現在大學通識教學上面的可能啓示或正面價值。

【關鍵字】：憨山、老學、通識教育

前　言

如同論文題目「詮釋模式與通識啓示」所標列的，本文探討的課題，主要將有二個基本的進行路線：首先，會把前半部討論的重心，放在憨山如何透過他的禪門詮釋模式，將老子《道德經》思想轉化成自性說上面；另外一個後半部重心，則是嘗試推演憨山的這個注解老子之態度，凸顯其在目前通識教學實務上面的可能啓示。其中，關於憨山老學詮釋模式的形成背景與實際內涵，本文將嘗試分別通過「《老子道德經憨山注》之前的老學」、「憨山老學的詮釋模式」兩個面相，逐層凸顯其老子思想的詮釋特質。至於憨山老學的通識啓示，則主要是以憨山注解《道德經》之禪門智慧，延伸其「以禪解老」的創新思維與跨領域精神；希望對於通識教育，特別是在目前大學校園當中的扮演角色與實際的課程理念，可以嘗試啓發出一系列新的意義再生與永續性的創造價值。

一、《老子道德經憨山注》之前的老學

在《老子道德經憨山注》卷首〈敍意〉中，憨山有「迨觀諸家注釋、各徇所見、難以折衷」〔註1〕一語，大抵便說明了憨山之前，關於《道德經》的注解，確已汗牛充棟、繁不勝數了。事實上，根據王有三《老子考》的統計，中國老學發展至晚明憨山之時，的確已經在《道德經》的單行注本上，持續累積了兩百九十五種之多，〔註2〕至於詮釋老學的進路，當然也早已是憨山所謂「各徇所見、難以折衷」的空前盛況。

而且，恰如老子自云其「道」乃是「微妙玄通，深不可識」〔註3〕一般，在中國先秦典籍當中，《道德經》清新透骨的五千言哲理，確實是最能帶給人想像的空間；每個感受敏銳的思想家，幾乎都能在《道德經》的簡單文字當

〔註1〕見《老子道德經憨山注》，頁3。目前坊間流行之《老子道德經憨山注》，係與《莊子內篇憨山注》合刊的版本，是清光緒金陵刻經處，選自明版嘉興大藏經的重刻版本，由台北新文豐出版。因爲該版本爲大字刻本，閱讀較不費眼力，故本文使用之憨山原典，以此流行之版本爲主。

〔註2〕「兩百九十五種」的統計來源，是根據王有三的老子注本統計表。見王有三《老子考》，頁1～P19。

〔註3〕語見老子《道德經》十五章之「古之善爲道者，微妙玄通，深不可識。夫唯不可識，故強爲之容。」

中，迭發新意地加上各自的獨門見解。近人唐君毅即曾特別分析《道德經》的「道」，認為寬鬆的認定上，《道德經》至少就已涵蓋形上實體之道、虛理之道、道相之道、同德之道、生活修德之道、事物及心境人格狀態之道等六層意義。〔註4〕而歷來註解《道德經》之方家，更是分別依據自己的學理依據及經驗立場，賦予了老子思想以百家爭鳴的豐富內涵。

目前，如果我們直以憨山當時「正統道藏經」所具體收錄的四十九種《道德經》注本觀之，〔註5〕關於《道德經》老子思想的詮釋，大約便可在如此寬鬆的認定上，略分為五大類。〔註6〕這五大類，仔細推究其實都還可以再逐一細別條目，而且各類之間彼此還可以有許多的錯綜變化，但此處僅為概略粗分。底下大約分述：

（一）轉化為政治智慧之老學

老子《道德經》被解讀為統治者駕御其政權的「帝王學」，最早在戰國末年韓非的〈解老〉〈喻老〉已開其端緒，而漢代《道德真經注——河上公章句》，〔註7〕則正式以老子之道做為鞏固政權的一種學理依據。在〈河上公章句序文〉中，葛仙翁便有「文帝好老子之道，世人不能盡通其意。而精思遐感，上徹太上道君，遣神人特下教之便去耳」語，〔註8〕「河上公」一變而為教導漢文帝老子之道的「神人」。這不但增強了老子《道德經》在愚民時代至高無上的雲端定位，同時也為漢初之黃老治術，提供一種鞏固朝廷政權的基礎。一樣的，這種解老的模式，在憨山所身處的明代，也相當盛行。例如：排列在《正統道藏經》「玉訣部」卷頭的，便是明太祖朱元璋的《御注道德真經》，〔註9〕朱元璋亦同樣在他的注文當中，極贊老子之道，乃是「王者之上師、臣民之極寶」。〔註10〕可見將老子的思想作帝王政治智慧之解讀，也是中國老學的一種詮釋進路。

〔註4〕 唐語見《中國哲學原論》「原道篇」二，頁290。

〔註5〕 《正統道藏經》係依明人文獻尺度編輯，在目前現存道藏版本中，是最足以反映憨山當時老學發展情形的道藏版本。目前台灣現有的《正統道藏經》，是新文豐1988年重新影印原刻本而來，全藏分三洞四輔，十二類，共收編明代可知見的道教文獻總計五千四百八十五卷。

〔註6〕 它們多數都是注解者本身生命型態、以及當時學術走向的一種反映，當然亦有極大成分，僅是說明老子思想的可能參考途徑或嘗試而已，未必是唯一的真理。

〔註7〕 見《正統道藏經》第廿冊。

〔註8〕 葛仙翁語見《正統道藏經》第廿冊，頁123。

〔註9〕 書見《正統道藏經》第十九冊。

〔註10〕 見《正統道藏經》第十九冊，頁561。

（二）偏重玄思玄理的玄學化老學

在明代的《正統道藏經》中，還可以歸類出一種以魏晉名士的哲學思辨爲主題的老學，那就是玄學化之老學。這一類型的老學作品，極富於創見，且偏向於形上哲學或純粹三玄（老、莊、易）理論的演繹辨證。因爲作者多半是清談的名士高人，名士們情意我境界型態的投注，〔註11〕往往便將老子之哲學，直接昇華成思辨性質的玄思玄理。在《老子道德經憨山注》〈觀老莊影響論〉「論宗趣」中，憨山曾對於「老氏以虛無爲妙道」以及「執老者、墮自然」〔註12〕加以彈斥修正，所指的正是這樣的老學類型。這種偏重玄思玄理的玄學化老學，最典型的代表著作，是王弼的《道德眞經注》。〔註13〕

（三）與兵學軍事相結合的老學

再者，還有另外一種特殊的老學進路，是有意識地將經典原義再予發揮創造，刻意在《道德經》的原始經文中，植入一套足以自圓其說的戰場沙盤理論，「兵學」化之老學，就是這種考量底下的獨特產物。王眞在《道德眞經論兵要義述》〔註14〕中，便主動演繹《道德經》原文，表達自己想詮釋的軍事觀念。譬如他解釋「上善若水」第八章時，引用兵學的推演模式，重新翻修《道德經》的原義，其云「若理兵能象水之不爭，又能居所惡之地，不侵害者，則近於道矣」，〔註15〕透過「軍旅之政」等軍事觀念的概括詮釋，竟使老子《道德經》搖身一變，成爲一新世人耳目、講求「理兵之要」的兵學典籍。像這樣子，經由注解者的創造性轉化，用軍事的經驗論立場，重新驗證於原典，也是老學詮釋模式當中，相當特殊的一種方式。

（四）與傳統儒家思想結合之老學

例如寫《道德眞經傳》〔註16〕的陸希聲，便將孔子與老子兩人的思想，理

〔註11〕此處所謂「情意我」，係參用勞思光所創的術語。勞思光於《中國哲學史》第一卷，即是以「情意我」一詞，說明道家的玄理玄思境界。文見該書 P223。

〔註12〕二語均見於《老子道德經憨山注》之〈觀老莊影響論〉「論宗趣」，頁 12。

〔註13〕本文參考之王弼註本，見錄於《正統道藏經》第廿冊，頁 543～568。

〔註14〕王眞書見《正統道藏經》第廿二冊。

〔註15〕其原文爲「此一章，特論理兵之要，深至矣！夫上善之兵，方之於水。然水之溢也，有昏墊之災；兵之亂也，有塗炭之害。故水治則潤澤萬物，通濟舟楫；兵理則鎭安兆庶，保衛邦家。若理兵能象水之不爭，又能居所惡之地，不侵害者，則近於道矣」，語見《正統道藏經》第廿二冊。，頁 745～746。

〔註16〕書見《正統道藏經》第廿冊。

解爲相輔相成的關係，他認爲「老氏之術，道以爲體，名以爲用，無爲無不爲，而格於皇極者也」，〔註17〕他把老子的「道德之化」與孔子之「仁義之教」，視若展示眞理的兩種方便（所謂「合其權」）。又將老子的「先天地、本陰陽，推性命之極，原道德之奧」，比擬於伏羲氏之「畫八卦、象萬物，窮性命之理、順道德之和」，認爲它們思想的原始發源處其實是一致的。〔註18〕這樣的老學風格，字裡行間常會清楚地烘托著會通儒道、務求孔老思想化異求同的深刻使命。姑且不論孔老的主從位序是否恰當，至少它是代表詮釋者強烈的文化融會訴求；而其著眼於化解儒、道間之長期意識對立的目的，實際上也直接呼應於憨山的老學詮釋特質之中。憨山在〈注道德經序〉裡面，就曾以「孔子人乘之聖，老子天乘之聖」〔註19〕的講法，嘗試整合儒道爲佛法的人天乘；憨山並且特別強調此一會通理念，必定是「百世不易之論」；〔註20〕而驗證憨山之前老學著述可知，顯然憨山也在態度上，吸納了這種老學詮釋的會通精神。

（五）揉合道教信仰之老學

道教在明穆宗隆慶六年（西元 1572 年），雖曾一度被查禁，但道教畢竟是中國的一種民間信仰。尤其在晚明時期，與老學思想結合在一起的中國道教，流行於平民文化之間，始終相當具有影響力。〔註 21〕而實際上，道教式的老學，在中國歷朝（即使是晚明）便一直有它存在的空間。這類道教化的解老著作，多半結合了黃老思想、陰陽五行讖緯卜筮、神仙方術、鬼神祝由，甚至各種區域性的民間信仰，〔註 22〕如《正統道藏經》中，便有題名「嗣漢

〔註17〕陸語見《正統道藏經》第廿冊，頁303。原文謂「蓋仲尼闡三代之文，文以治情。老氏之術，本於質，質以復性；性情之極，聖人所不能異。文質之變，萬世所不能一也。夫惟老氏之術，道以爲體，名以爲用，無爲無不爲，而格於皇極者也。」

〔註18〕他說「昔伏羲氏畫八卦、象萬物，窮性命之理、順道德之和。老氏亦先天地、本陰陽，推性命之極，原道德之奧。此與伏羲同其原也。文王觀太易九六之動，貴剛尚變，而要之以中；老氏亦察太易七八之，致柔守靜，而統之以大。此與文王通其宗也。孔子祖述堯舜、憲章文武，導斯民以仁義之教；老氏亦擬議伏羲、彌綸黃帝，冒天下以道德之化，此與孔子合其權也」，語見《正統道藏經》第廿冊，頁301。

〔註19〕見《老子道德經憨山注》〈注道德經序〉，頁23。

〔註20〕見《老子道德經憨山注》〈注道德經序〉，頁23。

〔註21〕以上關於明代道教式老學的簡要說明，係參考自聖嚴《明末中國佛教之研究》第一章第三節之專節論述，見該書 P58～65。

〔註22〕以上關於中國道教之敘述，係分別參考葛兆光《道教與中國文化》一書之說

三十九代天師太玄子張嗣成」所作的《道德眞經章句訓頌》，〔註23〕是出自道教法術派掌門人第三十九代張天師（即太玄子張嗣成）之手，全書字裡行間，幾乎皆遵奉《道德經》爲傳教必備的講本，所謂「每於三元開壇，傳籙告祝之餘，必即此經敷暢之。使在壇弟子及慕道而來者，如魚飲水，各滿其量」的陳述，〔註24〕即是明示傳統老學範疇之中，也從來不曾缺少道教的發言台，這對於遵奉老子、擁有眾多信徒的中國道教來講，原本就是一種保持其道教宗教特質的重要傳統。

　　仔細檢視下來，在多樣性發展的老學潮流之中，恐怕唯一的遺珠，便是佛教式的老學，依然獨缺一重量級的代言人。而這個挑戰，便自然成爲身在晚明老學潮流當中的憨山，注解老子思想的主要驅動力！

二、憨山老學的詮釋模式

　　《老子道德經憨山注》的作者憨山，生於明嘉靖廿五年，圓寂於天啓三年，〔註25〕他的一生總共跨越了五個明代皇權的轉移，即：明世宗（嘉靖）——西元 1547～1566 年，明穆宗（隆慶）——西元 1567～1572 年，明神宗（萬曆）——西元 1573～1619 年，明光宗（泰昌）——西元 1620 年，明熹宗（天啓）——西元 1621～1627 年。而衡觀以中國明末學術史論點，憨山對整個中國明末思想界乃至禪門之影響層面，其實都是相當特殊的。尤其反映在他所有存世著作裡面，幾乎皆明顯凸現著憨山個人清晰的禪宗性格，影響晚明時人。而他也確實是對禪學作了一種更圓融的發揮：就禪門系統外立場言，他靈活巧妙地將儒道等教外的思想吸納進來，晶結在禪悟的體驗上；在禪門系統內，則透過禪教觀法之貫徹，消解臺、賢、禪、淨的傳統藩籬。因此，相對於陽明之新儒家發揚孔孟心學；憨山極力於推銷禪門如來智慧的積極作爲，也發展出一種晚明「新禪宗」的潮流，〔註26〕在當時自然亦有一股

明（見該書 P288），以及曾召南之〈道教戒律〉一文（收錄於北京國務院《中國大百科全書》「宗教」類，頁 65）。

〔註23〕見《正統道藏經》第廿一冊。，頁 246。

〔註24〕原文爲「嗣成累奉德音，以遵行太上老君經教爲祝釐第一義。是以每於三元開壇，傳籙告祝之餘，必即此經敷暢之。使在壇弟子及慕道而來者，如魚飲水，各滿其量。」見《正統道藏經》第廿一冊。，頁 246。

〔註25〕參考憨山自撰之《憨山老人年譜自敘實錄》卷上的繫年記載，嘉興大藏經第廿二冊，頁 811。

〔註26〕「新禪宗」一語，係沿用自江燦騰《晚明佛教叢林改革與佛學諍辯之研究——

不容忽視的影響力。

本文之探討重心，當然並不是整個憨山禪學，本文此處只希望從憨山老學思想裡面，將憨山獨特的老學詮釋模式特意拉出來，當做一個研究主軸，說明憨山如何從老子的原始道家氛圍裡面，蛻化屬於禪宗行者的自性見解。〔註27〕

（一）從「大而觀之」的會通立場，肯定《道德經》與佛法的平等地位

如前面所引述者，憨山在〈註道德經序〉裡面，曾經嘗試經由「孔子人乘之聖，老子天乘之聖」的講法，整合儒道二家，成為佛法的人天乘。憨山認為這樣的會通理念，絕對是「百世不易之論」。實際上，此一論點在〈觀老莊影響論〉之「論教源」中，憨山還透過了一個宏觀的真理「大道」立場，闡明在真正宏觀會通的「大道之妙」眼界底下，「佛法」與所有的「世諦」，的確不存在「內外之差」的問題。因為只要行者是真的拿捏到「大而觀之」的宏觀要領，一般分別計較的心念，都會被「自心之妙」的平等特質所洗滌盡淨。他說：

> 佛法豈絕無世諦，而世諦豈盡非佛法哉？由人不悟大道之妙，而自畫於內外之差耳。道豈然乎？竊觀古今衛道藩籬者，在此則曰彼外道耳，在彼則曰此異端也；大而觀之，其猶貴賤偶人、經界太虛、是非日月之光也，是皆不悟自心之妙，而增益其戲論耳。〔註28〕

所謂真理「大道」，如同充塞太虛的「日月之光」一般，領悟到「自心之妙」的人，會將「佛法」與所有的「世諦」，平等看待之。換言之，老子的《道德經》，對於已經「悟自心之妙」、掌握住自性平等特質的人而言，也是佛法的一種；而另一方面，泯卻所有的價值對立，獨任於至虛無為的《道德經》，其

—以憨山德清的改革生涯為中心》，頁4。「新禪宗」一語，在江氏的理解中，是透過晚明叢林復興運動以及禪僧間的諍辯而形成的。而本文的立場，則是從憨山老學創造型態的詮釋理路加以證實。這是本文與江氏之不同所在。

〔註27〕 本文所言「自性」，係遷就憨山慣用術語言。憨山的「自性」，可以同時包含了如來藏系統之「如來藏自性清淨心」以及大乘真常系統佛典當中出現的「真常我」與「真常心」涵義。根據印順《如來藏之研究》的推論，不管是如來藏說，或是真常我、真常心，其實都是指向不變的心性本體，而且說法上彼此「互補互證」、「不可分離」。憨山在文字運用上相當靈活，有時「自性」會替代以「真常」或「佛性」等不同說詞，實際上都同指不變的心性本體。印順相關見解，主要參考《如來藏之研究》第一章，頁4～17。

〔註28〕 見《老子道德經憨山注》〈觀老莊影響論〉「論教源」，頁8。

實也可以相同的態度，融攝佛法爲老學的一環。

　　例如《道德經》的「道」字，如果單純只就老子所定義的「道常無名」或「無狀之狀，無物之象」〔註29〕看待，「道」歸根究底的說，可能就只是一個從「無」發展出來的作用層涵義。〔註30〕而《道德經》此一「無」的道理，雖說任何的內容似乎都可以撈摸到它，但也可以說都只具一端、僅供參考而已。何以故？因爲正如談論空性的「般若空」，後來成爲佛教各宗的共法一樣，《道德經》的「道」，其實也有這樣的「共法」性質的指涉。尤其老子《道德經》指出來的「道」，雖然可能靈感自天地萬物的一套抽象的普遍運作規則或形上框架，但它從來不曾專用於任一具體實指的內容（即所謂「無狀之狀，無物之象」）當中。既然「道」是無狀無物的，當然也就不隸屬於某一特定的系統或價值、也不太可能與任何一種系統或價值發生尖銳的衝突。所以，憨山之前的傳統老學，所有對於《道德經》的解釋，便在這樣極富彈性的學術氛圍下，杜絕了常見的主流見解與派生見解分庭抗禮的紛擾，思想家們雖然各自陳述，倒也鮮少爭辯、一直相安無事。

　　正是相應於這樣的寬鬆認定與「共法」前提，憨山「大而觀之」的融通立場，便彷彿渾然天成般的，爲《道德經》與佛法之間，巧妙搭設出一個可以互相容受、不起衝突的溝通平台。尤其值得一提的是，在〈觀老莊影響論〉「論去取」中，憨山便以禪宗教外別傳的態度，肯定老子思想與佛法義理，確實存在著會通的實質基礎。他認爲，所謂「老言古簡、深隱難明」〔註31〕的《道德經》，不僅堪稱是中國聖人當中的另類別傳之作，而且它還是唯一能不受世教束縛的「載道」之言。這個說法，非常特殊，因爲他是從一種「佛法」與「世法」彼此「相須而爲用」的立場，提出了「共法」式的融會見解，其文曰：

〔註29〕老子《道德經》三十二章有「道常無名」、十四章則有「無狀之狀，無物之象」，所以「道」在老子自己的描述中，確乃無名無相。早期的註家，如王弼《道德眞經注》第一章亦注曰「道以無形無名，始成萬物。萬物以始以成，而不知其所以然」（《正統道藏經》第廿冊，頁543，新文豐1988年版），十四章又有「無形無名者，萬物之宗也」（《正統道藏經》第廿冊，頁548，新文豐1988年版），都是順著無名無相的老子原義而理解。

〔註30〕「作用層」語，沿用自牟宗三《中國哲學十九講》第七講〈道之「作用的表象」〉文（見該書P127～157）。依牟語，「作用層」乃指主觀心境所表現出來的形上境界型態，它並不是存有論的實有立場，所以，只應對於「如何」（HOW）的問題，而不實指「是什麼」（WHAT）。

〔註31〕見憨山《老子道德經憨山注》之〈觀老莊影響論〉「論去取」，頁7。

> 學佛而不通百氏。不但不知世法，而亦不知佛法。……孔助於戒、
> 以其嚴於治身。老助於定、以其精於忘我。二聖之學、與佛相須而
> 為用……中國聖人之言、除五經束於世教、此外載道之言者、唯老
> 一書而已〔註32〕

所云「老助於定、以其精於忘我」以及「不知世法，而亦不知佛法」者，正表達憨山亟欲以禪的深度比驗於老子的基本會通心態。就破除執著成見的途徑而言，老子的忘我思想，可能在憨山的看法當中，與禪者定境之要求與破我執的方式，確實有相當貼切的相似性。

除此而外，若順著禪宗強調自性的普效性理論來檢視，〔註33〕原始《道德經》當中關於道家的作用層智慧，一旦經由轉化過渡成為憨山式之老學，其詮釋之整體方向，必定還是不可免地，會在老子原有的面目上，多少植入了憨山禪學的思考方式與風格。例如在〈觀老莊影響論〉「論宗趣」中，憨山直稱「老氏以虛無為妙道」，〔註34〕此中的「虛無」，其實按照憨山注文中的解釋，他是連結在般若自性「無生」的佛教理念當中，進行禪宗式的意義轉換。所以，「論宗趣」才會有「老乃中國之人也。未見佛法、而深觀至此、可謂捷疾利根矣。借使一見吾佛而印決之、豈不頓證真無生耶」〔註35〕的再三唱嘆，正是因為他認為老子《道德經》，終極處是可以通向佛法「無生」境界的，它的「載道」旨趣，只是未經「吾佛而印決之」而已，實際上，在終極的佛法真諦當中，《道德經》應當被賦予一個肯定的地位。〔註36〕

〔註32〕分見於憨山《老子道德經憨山注》之〈觀老莊影響論〉「論學問」P5、「論去取」，頁7。其實，老子當時的中國聖人，未必都不討論「道」的問題，只是憨山認為他們都拘泥於世間教法，反而老子之言，相形之下變成另一種酷似於「教外別傳」的特殊主張。此處筆者主要參考楊惠南〈禪史與禪思〉說法，《鵝湖》第126號，頁38。

〔註33〕憨山曾說「禪者，心之異名也」，此『心』即指自性清淨心，也就是法性、自性。憨山這句話，在憨山所有存世的經典注疏中，幾乎都曾出現過類似的用法。而單篇之文章，則主要見於〈答許鑑湖錦衣〉（見《憨山大師全集》卷七，嘉興大藏經第廿二冊，頁460）、〈春秋左氏心法序〉（見《憨山大師全集》卷十，嘉興大藏經第廿二冊，頁490）二文。

〔註34〕見憨山《老子道德經憨山注》之〈觀老莊影響論〉「論宗趣」，頁12。

〔註35〕見憨山《老子道德經憨山注》之〈觀老莊影響論〉「論宗趣」，頁12。

〔註36〕聖嚴法師就認為，憨山的內心深處，其實仍存有著「佛老」的先後位序，所謂「老子的思想再怎麼優越，也是不可能超越佛教的聖境」，以及「老子只是約當於佛教的賢位菩薩，假若老子的境界得到釋尊的印可，必是進入無生智的悟境程度」，這個看法，相當符應憨山「以禪解老」的基本心態。文見聖嚴

　　而兜回到憨山宏觀會通於儒釋道三家的立場，更可進一步取得證明：在解讀老學「載道」特質的同時，除了透過「以禪解老」的慣性思維、肯定了《道德經》之外，憨山其實還希望藉諸「三教會通」的融合宏觀態度，在老子原有的思想以及憨山自性禪學主張之間，儘可能型塑出一個跨界的義理連結。在〈觀老莊影響論〉「發明歸趣」中，憨山甚至即認爲孔子與老子，應被視爲「佛之化身」，他說：

> 愚意孔老、即佛之化身也。後世學佛之徒、若不知老、則直管往虛空裏看將去。目前法法都是障礙、事事不得解脱。若不知孔子、單單將佛法去涉世、決不知世道人情、逢人便說玄妙。〔註37〕

他用力強調，三教當中的老學與儒學，都可以藉由禪宗式的詮釋，轉化搭配在佛法當中，不僅不違背，彼此還可以獲得共同彰顯的機會。所謂「若不知老、則直管往虛空裏看將去」，代表憨山相當認許老子《道德經》關於「無」的作用層智慧，他認爲《道德經》對於一位禪宗行者同樣很重要，它可以防止般若空性境界走向「虛空」的危機。而儒學領域中的孔子思想，則能夠讓禪者的修行生活，更加融入實際的「世道人情」，不致於耽虛蹈空、「逢人便說玄妙」。總之，無論老學與儒學，在《老子道德經憨山注》中，都經由這種融合宏觀的會通立場，聚合在禪宗式的自性解讀理念裡面，成爲「相須而爲用」的跨領域結合。

　　從晚明學術史的客觀角度來看，《老子道德經憨山注》的「佛老會通」乃至「三教會通」模式，都代表著一種傳統禪學對於教外思想，正在努力進行義理思考的跨界整合。尤其將儒釋道三教，放置於寬鬆的文化認知當中，尋找彼此大方向上面的共識，幾乎是中國晚明文化思潮的共同特徵；〔註38〕所以，就老學的詮釋模式而言，憨山這種注解道家原典的態度，其實部分是淵源自時代背景的直接反映，它仍然稱不上是憨山的「一家之言」。憨山老學眞正具個人化特質的創造性詮釋，其實是屬於憨山思想更內環式的核心義理，

《明末中國佛教之研究》，頁 68。

〔註37〕　見憨山《老子道德經憨山注》之〈觀老莊影響論〉「發明歸趣」，頁 14。

〔註38〕　其實，「三教會通」的觀念，本是基於儒釋道之間長期交會互動之必然歷史發展，依僧祐《弘明集》卷一載，東漢牟子（牟融）之《理惑論》便已提出三教合一的初步構想。而根據陳俊民的說法，到了明代，更是逐漸將三教各自的外在修養轉向內在的修養，以至於在「修心」的問題上，達到大體一致的認識。陳語參見〈宋明「三教合一」思潮中的「心性旨趣」論稿〉，《鵝湖》第 172 號，P2～10。

即所謂「離言體道」與「唯心識觀」二者。尤其透過「離言體道」與「唯心識觀」所凸顯的心識主體,更是憨山能如實展示「以禪解老」精髓、重新昭甦其禪者本位義理的根本元素。

順著這個思路,底下本文的進行,就先藉由與憨山「不立文字」的禪者風格,最直接攸關的「離言體道」理念,探討憨山此一獨特的老學詮釋模式

(二)從「了悟於心」的「離言體道」模式,詮釋《道德經》的「不言」之道

在解讀《道德經》「道沖而用之或不盈」一則時,憨山便是運用「離言體道」的模式,詮釋老子的原文,這種老學的觀察的角度,相當特殊而有創意,他說:

> 謂道體至虛,其實充滿天地萬物,但無形而不可見,故曰用之或不盈。道體淵深寂寞,其實能發育萬物,而爲萬物所依歸,但生而不有、爲而不宰,故曰似萬物之宗。或、似,皆不定之辭,老子恐人將言語爲實,不肯離言體道,故以此等疑辭,以遣其執耳。〔註39〕

正如前言,憨山在詮釋老學時,其實仍有意識地依循著佛老之間的共法原則,藉此標顯老子所指涉出來的至虛無爲之形上道體,在跨界思考的義理整合當中,可以與傳統禪宗遮撥文字語言的思維習慣連結在一起。因此,他相當強調《道德經》這個「不定之辭」的道體,就像般若空性一樣,確實沒有辦法用語言文字,去規定或界定出具體的內容。〔註40〕譬如老子「用之或不盈」的「或」字,以及「似萬物之宗」的「似」字,憨山都直接解讀成佛教般若

〔註39〕見憨山《老子道德經憨山注》,頁56。

〔註40〕例如《道德經》卅二章「道常無名」文,王弼曾注曰「道無形不繫,常不可名;以無名爲常,故曰道常無名。」這是認爲「道」乃無所不在,世間任何一種有形有相的存在,都與「道」產生微妙的根源性關係(所謂「道無形不繫」)。然而,「道」本身雖可遍顯於萬物之中,卻仍只堪稱爲抽象的原理,沒有特定實指於任何一種具體之內容。如此一來,當然所有人爲構思出來的「名相」,也就無從去直接描述它了。王弼這一種解釋,即是明示「道」的真正被掌握或實質體驗的模式,一定不是在「言說相」的層面上,老子所謂「道可道非常道」者,也早已道出了這一種立場。因此,「離言說相」之道,或者稱之爲「離言體道」者,都不是憨山新創的見解。所以,雖然或有可能與傳統禪宗遮撥文字語言的思維習慣連結在一起,但因爲「離言說相」原本就是佛家與道家的共法,即使憨山用「離言體道」之形式,處理老學的問題,也依然視同只是在入手處,順著「共法」的寬鬆架構而解釋老子。憨山的獨詣見解,主要是展露於終極的禪門真常自性說。

學蕩相遺執的「遣其執」含意。他認爲「老子恐人將言語爲實」，無非也是擔心眞理的體悟，會被一堆文字語言繳繞牽纏出來的「不定之辭」所障礙罷了。

　　實際上，這在禪宗「不立文字」的祖師禪傳統當中，還有更進一步的說明。以憨山的禪者立場來看，《道德經》的「不定之辭」或禪宗的「不立文字」，雖然有一個形式上的共通點，但兩者都只是指出了眞理的體驗方向，應當是跳脫語言文字的表象。然而，在禪者習慣於透過日常行住坐臥生活，體驗眞理滋味的思維模式當中，「離言體道」的意義，有另外一種解讀深度。

　　於是，在詮釋《道德經》最後一章中，憨山便提出了一種很典型之禪宗式的本位見解，那就是：將語言文字的功能性，在「聖人體虛合道、忘言任眞」的境界型態中，作一種「了悟於心」、回歸於修行體驗的整合。憨山註解「不言之教、不辯之辯」一句時，有「天乃無言之聖，聖乃有言之天」如此的特殊論點：

> 道本無言，乃至約也。但了悟於心，可目擊而喻，妙契無言，自不容聲矣，何事於博哉！故曰知者不博。以彼不知大道體虛，運而不積。而彼以積爲務，故愈增障礙。殊不知有積則有散，有散則有窮；無積則無散，無散則無窮。由聖人體虛合道、忘言任眞，了無所積，由其不積則無窮。且天乃無言之聖，聖乃有言之天。以天道不積，其體至虛，故四時運而不竭，利盡萬物而終不傷其體。〔註41〕

他認爲老子「道本無言」的「道」，原本就是萬物自然生化的形上原理。這個形上原理「其體至虛」，充滿實現一切潛能的可能性，而且「利盡萬物而終不傷其體」，無論它如何顯化爲各種形形色色、具象客觀的事物，都無損於道體本身的完整性。對於如此之超越原理，人類製造出來的侷限性質之語言，當然不容易掌握住，所以憨山借用老子之「不言」，直接便推翻了曉曉好辯之徒企圖以「言」體會老子之道的正當性。而他主張的所謂恰當相應做法，正是透過「體虛合道、忘言任眞」的體驗模式，從內面生命的開悟（即「了悟於心」）中，進而妙契於離言說相的「不言」之道。在他的看法裡面，只有體虛合道的悟道聖人，可以做到這樣的境界，所以，他說「天乃無言之聖，聖乃有言之天」。

　　而事實上，憨山此處無論言「忘言任眞」或「無言」，都還是可以與老子原始之「無」的作用層方法相吻合。易言之，這個「無」的境界型態，特別是就方法論上面而言，正如本文一再強調者，它是佛老之間的一種共法。扣

〔註41〕見憨山《老子道德經憨山注》，頁149。

緊老子的「無」，確實就是憨山獨具隻眼的妙運，因為「無」的巧妙運用，正好是溝通憨山禪學與其老學的一條通路。〔註42〕

而這個地方，憨山除了在老子「無」的共法意義上，建立詮釋通路之外，值得注意的另一詮釋動向則是：憨山透過這一層「離言說相」的汰濾，只要再搭接上「明心見性」的禪者訴求，便可以直接將老子《道德經》原本的非言說性，由樸素簡單的方法論基礎，一舉遞升轉換為禪宗的心性修養工夫。此亦即謂，他要詮釋的「離言體道」，雖然一開始確實是原發於老子離言說相的「不言」之道，所取的方法也的確是共法層面的「無」之形式，但最後的義理落點，將不僅僅是落在離言說相的「不言」之道而已，因為憨山之「離言體道」，真理的義涵與深度，終極處一定會觸及到「入於深山大澤，習靜以觀心」〔註43〕所觀照出來的「唯心識觀」。

（三）從「唯心識觀」的心識主體，重新詮釋定位老學

《老子道德經憨山注》〈觀老莊影響論〉篇首「敘意」中，憨山提到「唯心識觀」的緣起：

> 余居海上枯坐之餘，因閱《楞嚴》、《法華》，次有請益老莊之旨者，遂蔓衍即此以自決，非敢求知於真人，以為必當之論也。是故余以唯心識觀而印決之，如摩尼圓照、五色相鮮；空谷傳聲、眾響斯應。苟唯心識觀而觀諸法，則彼自不出影響間也。〔註44〕

這一段文字，概略提到兩個重點：首先值得注意的是，他解讀老學的立足點，

〔註42〕這一點，如果回到王弼注裡面，也一樣可以找到端倪，王弼解釋《道德經》廿二章「少則得，多則惑」時，亦云「自然之道，亦猶樹也。轉多，轉遠其根，轉少，轉得其本。多則遠其真，故曰惑也；少則得其本，故曰得也」（王弼語見《正統道藏經》第廿冊，頁548。），王弼並沒有明說其「多」、「少」實指何謂，但主要卻仍然是相應於老子「無」的境界而借題發揮。所以，解釋廿三章「從事於道者同於道」句，王弼就從「無為」以及「不言」的角度，嘗試體會老子之「道」，他說：「從事於道者，以無為為君，不言之教，綿綿若存，而物得其真，與道同體。故曰同於道。」（語見《正統道藏經》第廿冊，頁549。）所謂「以無為為君，不言之教，綿綿若存」以及「物得其真，與道同體」者，與憨山的「體虛合道、忘言任真」，在方法論上的雷同，就是都透過「無」的作用去體驗老子之「道」。由此可知，無論是依於玄理玄思的角度，或是立足於心性開悟的立場，對於老子之「道」的解讀，通過「無」的方式，的確是存在著形式上的共識。

〔註43〕見憨山《老子道德經憨山注》，頁52。

〔註44〕見憨山《老子道德經憨山注》，頁2。

顯然是不同於過去任何一種老學模式，換言之，《老子道德經憨山注》的「唯心識觀」論點，已經是一個重新定位〔註45〕且具有開創性的老學型態。其次則是說明了他這種老學思想的形成，主要是得益於佛教眞常系統的經典——《楞嚴經》、《法華經》的啓發，而當時東海學者「請益老莊之旨」，不過只是時間上的增上緣而已。

　　實際上，在佛教學術思想當中，由於楞嚴、法華這一類的佛教眞常系統典籍，原本就相當凸顯人類透過心識主體的境界提昇，以期達到超越一切現象上的別異分歧，進而化異求同、擴充生命層級的目的。因此，憨山順勢引借爲他個人詮釋《道德經》的基本思維模式，以期消解佛道之間的差異，在此處是很容易被理解的。

　　令人玩味的是：憨山雖然一方面自謙他的道家思維未臻成熟，不敢自居於「必當之論」；但另一方面，卻又自信滿滿地宣稱「以唯心識觀而印決之」，認爲三教萬法就統統可以歸宿到「唯心識觀」的統轄範疇之中。憨山敢於如此雄心壯圖，仔細尋思，可能並非恣意誇大，因爲在「萬法唯心所現，故治世語言、資生業等，皆順正法」的信念底下，三教的確不過乃吾人心識觀念，所回應投射出來的「影」（投射的影像）、「響」（回應的聲響）。《老子道德經憨山注》卷首之〈觀老莊影響論〉，以「論心法」爲題，憨山就藉此順勢提出了透過「唯心識觀」，統攝「一切聖人」以及「一切言教」的嶄新論點：

> 余幼師孔不知孔、師老不知老，既壯，師佛不知佛。退而入於深山大澤，習靜以觀心焉。由是而知三界唯心、萬法唯識。既唯心識觀，則一切形，心之影也；一切聲，心之響也。是則一切聖人，乃影之端者；一切言教，乃響之順者。由萬法唯心所現，故治世語言、資生業等，皆順正法。

這種把一切聖人言教，全部納入「三界唯心、萬法唯識」的範疇當中，是憨山在建立其老學時，相當重要的一種思考方式。無可置疑地，從實修的層面來看，憨山藉以解讀老學的「唯心識觀」，必定有其實際之禪修體驗（尤其是明心見性的實際體驗）爲依據；但在心識活動層面上言，則「摩尼圓照、五色相鮮；空谷傳聲、眾響斯應」之眞常心模式，應當就是憨山「唯心識觀」所亟欲表現的眞實情況了。

〔註45〕所謂「以唯心識觀而印決之」的『印決』，代表憨山給予了老學以重新定位之意。

　　也就是說，憨山之所謂「唯心識觀」，本身雖然在字面上，彷彿具有唯識論「三界唯心，萬法唯識」的形式色彩，但又不全然是純粹之唯識觀點。〔註46〕因為他已經將此一論點的屬性，在詮釋老學的歷程中，給予具象活化，而且也讓「唯心識觀」更鎔鑄了以心識主體轉化一切萬法的積極意義。所以，他說「一切形，心之影也；一切聲，心之響也。是則一切聖人，乃影之端者；一切言教，乃響之順者」，就已經是一種走向內面生命自我證成的「以心轉境」之實際體驗。換句話說，憨山「唯心識觀」中的心識主體，儼然已跨升為一切法成立的動力因，而不再只是一種慈恩宗形式的唯識理論。因此，一方面重視心識層級的自我提昇，一方面又實修此一真常之心識主體而轉識成智。這樣的「唯心識觀」，不僅僅是憨山轉動老學的一種思考方式，同時也可視為是他個人修行證量的一種具體呈現。

　　而回顧前述禪宗所強調自性的普效性論點，我們又可以更加肯定此處所證成的，憨山據以思維其老學之「唯心識觀」，的確是一種奠基於禪宗行者的真常信念，所相應開發出來的思維模式。這個思維模式，就晚明的時空屬性而言，自然也頗能呼應於明末三教漸趨於合流的時代需求，尤其在「禪」、「道」頻繁互動的晚明，「唯心識觀」在心識層級的自我提昇與心識主體的卓越化上而言，是當時諸多建立佛道共識的嘗試中，最為特殊的一種模式。

　　在《老子道德經憨山注》「不言之教、不辯之辯」的註文當中，憨山的「體虛合道、忘言任真」看法，就是從方法論的層面，設法營造出佛道共棲的「離言體道」乃至「無」的運作模式。此一「離言體道」或「無」的運作模式，搭配上「唯心識觀」的主體呈現，實最能代表憨山老學在思考方法上之獨詣洞見。

　　但是，無論如何，憨山畢竟還是一個禪者，無論二六時中行住坐臥，他都必須返聞般若自性、以明心見性為依皈；於是，因應於禪者此一價值內化的自然需求，憨山亦很希望從老子的世界裡，同樣能夠妙運出內在生命「明心見性」的終極境界。因此，接上禪宗本位的自性思想脈絡，點出「真常妙性」這個究竟的課題，就成為《老子道德經憨山注》思考方式當中，最能勾

〔註46〕當然，一般人乍見「三界唯心、萬法唯識」這樣的語詞，幾乎都會直接在思維的習慣當中，牽扯到唯識見解的問題或教相宗派的複雜性爭議，然而憨山之《老子道德經憨山注》，卻根本不甚著墨於此，何以故？主要還是因為憨山的心識見解，已非傳統慈恩宗的唯識路數，所以我們幾乎不太可能使用傳統唯識理論，套襲在憨山的老學見解上。用比驗的立場來看，憨山「唯心識觀」的思考方式，其實是馬鳴《大乘起信論》式的真常心風格。

畫終極價值的一種詮釋嘗試。

（四）透過「真常」之自性本體立場，表現「以禪解老」的詮釋模式

所謂「眞常」，在《老子道德經憨山注》中，幾乎都被使用成心性論的涵義，特別是指涉我們內在本具的自性本體而言，例如「不認緣氣之心爲心，則眞常之性自見」一語，〔註47〕憨山即是以「眞常」二字，表達自性本體具有形上超越的眞理特質。同樣的，憨山雖然也可以沿襲傳統註家方式，順著老子「道可道非常道」原義，詮釋萬物生化之道所稟賦的「離言說相」之特殊性，但是，同時他也盡可能玲瓏善巧地從老子「道可道非常道」之「常道」概念中，以他個人的獨悟慧眼，營造出相對稱的「眞常之道」。藉著此一「眞常之道」，憨山於是可以完全貫徹其「離言體道」的信念，順利地在老子的原始意義上面，接駁出一條通達佛教禪宗心性論範疇的路徑。底下爲實際說明之便，節引憨山「道可道，非常道」章以及「致虛極。守靜篤」章這二則注文如下：

> 1、道乃眞常之道。可道之道，猶言也，意謂眞常之道本無相無名、不可言說；凡可言者，則非眞常之道矣；故非常道。且道本無名，今既強名曰道，是則凡可名者，皆假名耳，故非常名。此二句言道之體也。然無相無名之道，其體至虛，天地皆從此中變化而出，故爲天地之始，斯則無相無名之道體，全成有相有名之天地。〔註48〕

> 2、性，乃眞常之道也。故云復命曰常。人能返觀內照，知此眞常妙性，纔謂之明。故云知常曰明。由人不知此性，故逐物妄生，貪欲無厭。以取戕生傷性亡身敗家之禍。故曰不知常，妄作凶。人若知此眞常之道，則天地同根，萬物一體，此心自然包含天地萬物。……人得此道，則身雖死而道常存。故曰沒身不殆。殆，盡也。且此眞常之道，備在於我。而人不知，返乃亡身殉物，嗜欲而不返，豈不謬哉。〔註49〕

在1、的注解當中，憨山的主題，其實仍然是順著老子原義，從「道可道，非常道」的離言特性，托顯道體統轄萬物生成變化的「天地之始」之超越角色。

〔註47〕見憨山《老子道德經憨山注》，頁117。
〔註48〕見憨山《老子道德經憨山注》，頁51。
〔註49〕見憨山《老子道德經憨山注》，頁71。

但是，值得留意的是，他在文字用語上，卻已經開始使用「真常」兩字，來說明老子之道體；他直稱「道乃真常之道」，就是他認為老子之道體，「真常」兩字，是最足以相應詮釋的字詞。

所以，憨山的「真常之道」，初步目的雖在與一般世俗「亡身殉物」的常道相區隔，但它也同時是憨山的伏筆。在他看來，從真常之「道」體會的「無相無名、不可言說」的道體，其實是可以跨接到本體論，成為真常之「性」的意義。例如2、在解釋老子「不知常，妄作凶」句時，他說「人若知此真常之道，則天地同根，萬物一體，此心自然，包含天地萬物」，就是已經將老子道體的觀念，由原先偏向宇宙論型態的自然氛圍中，轉化成為「此心自然，包含天地萬物」的心性論話題。

於是，憨山一方面說「道乃真常之道」，一方面則又說「性，乃真常之道也」，表面上是從老子道體當中，接引出「真常之道」的詮釋語彙，但它真正的終極旨趣，卻是接上禪宗本位的自性思想脈絡，點出「真常妙性」這個究竟的課題。根據2.的注文，憨山至少已為這個「真常妙性」，描摹了四種特質：

第一具足義：此一「真常妙性」，能夠包含萬法、具足統攝一切天地萬物的能力，即所謂「此心自然，包含天地萬物」。

第二常住義：此一「真常妙性」，具有永遠恆在的特性，不因形體的生死而產生變動，所謂「人得此道，則身雖死而道常存」者是。

第三內在義：此一「真常妙性」，圓滿無缺地內在於每一個人的天賦體性之上，不因個體之差異而有所分別，所謂「此真常之道，備在於我」者是。

第四普遍義：此一「真常妙性」，無論在心性論或宇宙論上面，都是一個普遍原理，即所謂「人若知此真常之道，則天地同根，萬物一體」。

這四種特質，幾乎都是專約於佛教心性論的本體層面立言，當然在詮釋態度上，是有相當濃厚的禪宗色彩，憨山這種「以禪解老」的用心，在「真常妙性」的見解中，已成為一件毋須爭辯的事實。而且，憨山自己似乎也自覺到「真常妙性」，不能只單純淪為口頭上的工夫，「真常妙性」之「妙」，一定要被每個有心體驗它的人，都能親自驗證感受到了，才是真正的「真常妙性」。因此，在注解《道德經》第一章的末尾，他有這樣獨特的老學結論：

> 似此一段工夫，豈可以區區文字者也之乎而盡之哉？此於所謂須是靜工純熟，方見此中之妙耳。〔註50〕

〔註50〕見憨山《老子道德經憨山注》，頁52。

此處之「靜工純熟」，姑且無論它所採取的進路方式究竟爲何，它毫無疑問的，都是指向一種讓自己思慮清淨安定下來的禪修體驗。憨山認爲經由這種心念實修之純熟體會，只要它確實能令我們無明紛擾的外在境界沉澱下來，時機一旦成熟，原本內在於我們身上的「眞常妙性」，自然而然地，都會被我們所如實覺察與完全洞悉。

實際上，憨山在注「歸根曰靜，靜曰復命」一句時，便大力闡述這樣的自性思維，他說：

> 目前萬物雖是暫有，畢竟歸無，故云各歸其根。根，謂根本元無也。
> 物既本無，則心亦不有。是則物我兩忘，寂然不動。故曰歸根曰靜，
> 靜曰復命。命，乃當人之自性，賴而有生者。〔註51〕

憨山認爲所有外在的現象萬物，都只是一種瞬息生滅的暫時存在而已，在諸行無常的法則底下，這些萬物都必然會「畢竟歸無」。他因此把「歸根」的「根」，理解成現象萬法「根本元無」的意義；而也由於萬法皆空，依託萬法緣生緣滅、沉溺於假象的「我」（或「心」）自然相對亦屬夢幻。所以，憨山此處之解釋「歸根曰靜」，其實並非老子原有之虛靜觀復立場，而是另闢蹊徑地，透過佛教三法印當中的「諸行無常」、「諸法無我」理路，企圖層層剝除常人在生滅法當中、執著「萬物」與「假我」的通病。憨山堅稱：能將這兩種執著完全放下的人，在「物我兩忘」的同時，「寂然不動」的「自性」，便會自己重現它本命的光明。所謂「命，乃當人之自性，賴而有生者」，正是這樣的意思。

而如果再兜回前述「人能返觀內照，知此眞常妙性，纔謂之明」的觀點，此一自性，毫無疑問的，就是指謂著「眞常妙性」，或者即直接稱呼它爲「眞常之性」。

因此，就憨山詮釋老學的終極心態言，憨山等於已經很明白地宣示：《道德經》的眞理所在，其實是可以透過佛教「眞常」的核心價值，藉由「以禪解老」的妙運，而重新產生它的意義。而能夠準確呼應於眞常價值的心性論基礎，則仍須端賴於佛家頓悟成佛的內在依據，亦即「眞常之性」。歸結言之，《老子道德經憨山注》中，關於內在關鍵義理的運作，基本上都踓循於此一禪宗眞常自性的本位立場，憨山所解讀的老學，其實已經是一種不折不扣禪宗式的老學。

〔註51〕見憨山《老子道德經憨山注》，頁70。

三、憨山注老的禪門智慧，對於目前大學通識教育的啓示

現代人很喜歡講求 AQ 的抗逆境能力，〔註 52〕投射在憨山身上，憨山的 AQ 典型，應當會是很另類的全新啓發意義。尤其特別的是，以他的禪者身份，處身於叢脞萬變的晚明大環境中，雖然未必能控制周遭發生的紛亂，但他卻很懂得如何選擇調整自我的價值，以及敞開胸襟、有智慧的回應各種跨界思維的衝擊。《老子道德經憨山注》中的一字一句，基本上，都是通過他認定的有效思考，而進行禪宗式的創造性詮釋與跨領域整合。以現代人所標榜的高 AQ 水平來看，一個經驗越豐富、思考力越高的現代人，越應當像憨山詮釋老學一樣，處處返觀內照，喚醒自我的充沛能量，有效地針對各種跨領域議題，給予創造性的回應。而本文認爲，這種面對逆境的自我激化與自我淬煉，不僅只是見證於憨山注老的禪門智慧而已，在目前校園的通識教育當中，應當同樣也有其正面的啓示意義。

底下爲行文之便，略分爲三個部份臚述之。

（一）藉由通識課程內容的自我更新轉化，培植通識教育永續存在的基礎

《老子道德經憨山注》一書，在晚明百家爭鳴的老學流派之中，最大的特色，便是以禪門擅長的自性思維爲根本基礎，提出來與《道德經》的道家思想交流接軌。憨山此一重新解讀《道德經》的大膽嘗試，乍看之下，似乎是一椿整合教內與教外思想的漫漫長路，任何旁觀者都會認爲是不可能任務，但千里之行，始於足下，憨山至少勇敢地跨出了相當扎實的一步。

事實上，憨山勇於針對基本思維模式進行深層的轉化改造，讓自己的禪門理念，可以透過禪宗式的老學介面，持續推陳出新存在下去。這樣的一種自我更新轉化，以及追求意義再生之運作方法，透過現在相當流行的「文化創意」角度來看，本身已經十分貼近於現代文化創意產業的核心精神了。

〔註 52〕AQ，一般翻譯爲「逆境智商」〈AQ，爲 Adversity Quotient 之縮寫〉。根據美國哥倫比亞大學醫學院與史塔桑管理研究中心，一項長達十年的聯合研究發現：有磨難經驗，而且能從當中走出來的人，他們的面對逆境的能力會提高。不僅如此，他們身上還會醞釀出幾種成功的重要特質，例如：在逆境中能夠迅速恢復、可以成功地進行改變、能夠很敏捷解決和思考問題、非常樂觀⋯⋯等等。而最早提出「逆境商數」概念的保羅・史托茲〈Paul G. Stoltz〉，也認爲面對挫折的能力，是可以透過自我的有意識鍛鍊而增強。以上敘述，參考保羅・史托茲著，莊安琪譯《AQ──逆境智商》，頁 105～142。

實際上，自 1998 年後，英國首先出現「創意產業」（Creative Industry）一語之後，「創意」即廣為世界各國所引用。尤其以最近國內各大學技職院校的通識教育中心為例，在新開設重點課程與相關產學合作案中，「文化創意」也經常成為推動經營的重心。根據蔡瀚毅〈台灣文創產業何去何從〉的說法，從文化層面衍生的「文化創意」，它的定義，並不標榜「天馬行空的空中樓閣，或是遙不可及的高貴與華麗」，而是完全投注在「真真切切地的生活**裏**」。〔註 53〕這一點，印證在《老子道德經憨山注》裡，透過憨山根深蒂固的禪行本色思維來看，剛好就是一個最好的示例。就如同他使用「真常」兩字，來說明老子之道體一樣（「道乃真常之道」），主要也是因為：憨山認為禪者真實生活中的「真常」體驗，根本就是最足以相應詮釋老子道體的字詞。

同樣地，通識教育課程的設計理念當中，目前各校發展的核心通識課程，即令或有不同，但如果能夠考慮融入「文化創意」的運作元素與務實特質，這種通識課程，被學生接受與肯定的程度，往往也會比較高。尤其傳統通識課程，在自我更新轉化的過程裡，越是能夠特別反省關注到社會流行價值或重要議題，並與學生真實生活經驗結合的，它的教學效果與實際應用的普效性，也相對比較具有正面的評價。例如通識課程當中，關於「兩性問題」的課程設計，已經不能僅只停留在傳統男性與女性的相對格局當中，進行理論化的探討；它必須針對現代社會文化常見的同性戀、性別認同、分手諾商、性別工作平等乃至第三性的面對問題……諸項，植入或重新包裝出一套新的反省機制，才能夠在課堂的實際經營當中，讓學習者產生感同身受的學習效果。

而且，回歸到憨山的老學思考，如前所言者，這種融會著文化創意的意義再生工作，以憨山立場觀之，不僅僅老學如此，即使廣泛全方位地包含孔孟老莊，也都可以透過這樣的詮釋態度，而搭接出一個以禪學為雲端中心的網絡架構。在憨山而言，類如這種重新創意解讀之目的，全部都可以為禪行者悟自性的宗教實踐目的，直接提供更充份而豐富之正向意義。儒家或道家思想，藉由一番意義再生的重新解讀之後，當然就已經不再是傳統佛教偏狹成見中的所謂「世諦」或「外道」，而是可以經過「文化創意」的轉化再生，放在以「明心見性」為訴求的主軸上，為佛家真常本體論的必然性，擔任見證者的增上助緣。

一樣的道裡，在目前大學校園當中，其實通識課程是最有資格扮演雲端

〔註 53〕見蔡瀚毅〈台灣文創產業何去何從〉，《讀者文摘》92 卷 3 期，頁 15。

中心角色的，特別是通識教育理念當中，還依然肩負著「通才教育」與「博雅教育」如此重要的核心使命。對於課程的運作設計上，只要擔任課程的教師，能保住核心的通識教育宗旨，善用如同憨山解讀老學一般的活化思維，實際上，通識課程融入現代生活，它的教材彈性與教學空間，就像文創產業一樣，可謂無限寬廣。

泰國 Yothaka 家具創辦人素旺，曾經說過：「不要忘記回頭看看自己的生活與文化，那是你的根，會給你最強大的力量與祝福。」〔註 54〕這個從真切的生活裏面尋找「根」的觀念，其實正是《老子道德經憨山注》跨越時空，最能啓蒙於現代人的文創真理。而通識教育的課程設計，如能好好汲取憨山的智慧，善用文化創意的活絡思維，絕對能讓課程產生意義再生的脫胎換骨效果、厚植通識教育永續存在的基礎。

（二）在「不變隨緣」的開放性思維底下，尋求通識教育跨領域發展的可能性

此外，承上所言者，憨山所處的晚明禪門，「三教合一」其實已是當時的一種學術顯學。因應於當時文化思潮，憨山自己所開拓之會通理念，即使單純只以憨山老學來衡觀，它的貢獻，應當也不會僅止於一般表面形式儀軌的結合或異質思想互動接軌而已。因為，就前述文化創意的實具價值來看，《老子道德經憨山注》裡所標示出來的「以禪解老」文創精神，是一種從自己的生活與文化出發，抓住禪者不變的真常信念，輔以正向而同理的溝通善意；他所詮釋出來的老學或三教思想，創意的源頭不在於他鄉異地，就在憨山真切的生活裏面。而且，最值得一提的是，憨山真切的生活裏面，永遠有一個「明心見性」，當作接軌訴求的主軸。

而實際上，如果一個禪宗的思想家，自始至終都是放在以「明心見性」爲接軌訴求的主軸上。如此去看待憨山的話，世間的一切學問，已經都是憨山可以去跨界詮釋的對象了；只是道家老學中原典《道德經》，恰恰是其中的一個舞台罷了。並且，憨山的跨界，還始終依舊是一個擁有著不變「真常之性」爲主體中心的跨界，也就是說：憨山之詮釋老學，是一種「不變隨緣」的開放性立場。《老子道德經憨山注》在形式上雖然開放出跨界的型態，但憨山內在自主自明，不致撈過界，他仍保有了禪者自我堅持的本色。

〔註 54〕見蔡瀚毅〈台灣文創產業何去何從〉，《讀者文摘》92 卷 3 期，頁 16。

　　這個觀點，放在通識課程的跨領域思維上面來看，特別具有深刻的啟示。以南開科技大學為例，自九十八學年度開始，即在通識開課課程中，開設「南開草堂」的學分。這個學分，就是整合了南投縣在地的相關傳統產業資源，舉凡建置與南投縣觀光休憩、藝術人文與地方特產各種現有業者達人的產學通路，透過一個打破專業科系界線的通才博雅理念，讓學生走出校園，實際感受體驗家鄉文化的純樸美好，進而誘發修課學生將來畢業之後，能夠主動為自己生長的土地，貢獻所學的願景。類如「南開草堂」的通識課程，它的跨界形式，一樣是通過不變的通識核心主軸，廣泛連結可以使用的現成資源，將這些接軌交流的資源，吸納內化成為具有通才博雅理念的跨領域教材。事實也證明，修課學生對於這種通識課程，都有相當強烈的認同與向心力；在教育部的評鑑訪視當中，「南開草堂」這個通識課程，也獲得非常高的評價。

　　平心而言，若以憨山禪者立場剴實觀之，他對於老子思想的跨界詮釋，重心本來即不在原典《道德經》哲學概念或理論層面上的兔毛詮索，而是在乎強調吾人內在之心靈世界，如何能藉由老學這個方便道，進而展示自我本來面目、趨悟於如來智慧、重新落實在現實人生當中的歷程。而這其中，毫無疑問的，「不變隨緣」的開放性思維，正可凸顯憨山老學第一原理（First principle）〔註55〕的真諦妙竅。尤其在晚明當時，身值異派異質的多元思想激盪當中，憨山能夠勇於解除自我的觀念城牆，不吝於向異域借火，一方面是得以擴充禪門的游移餘地、創造新的界域可能，一方面也正好為三教的長期分立與互相消長，證明共存共榮的融合信念，絕對可以在開放的心靈當中，被具體實現。

　　反觀於現今大學校園的通識教育，其實國內每個大學院校，幾乎都已經針對各自的通識教育課程，進行了許多重組汰濾，希望能達到永續再生的目的。這其中，通識課程最迫切當務的改造重點，應當也就是設法融入跨領域的開放信念，力求讓通識教育，在連結其它的不同領域當中，仍然可以藉由不斷因勢利導的更新模式，尋求化異求同的各種多樣化、乃至無疆界之變身工程。例如傳統的「國文」課程，假設能植入學習者的專業類別，轉化成為

〔註55〕任何一種詮釋系統，一定都有其最終極的第一原理（First principle），以做為貫串思維架構的主軸。而憨山老學，以《老子道德經憨山注》來看，其第一原理即見諸他對於生命主體──「自性」的開放性解讀。在憨山解讀「自性」的方式上，不侷限於禪宗領域，除老子五千言之外，還曾經藉由《左傳》、《大學》、《中庸》、《南華真經》的開放性視野，營造「自性」的充分論據。

「電機實用中文」或「商管實用中文」……等的課程，實質地鑲嵌在各系院之專業屬性當中，包括教材內容與實作的範疇，都能對應學生的學習背景。相對之下，因為修課者是從熟悉的專業素養中，過渡銜接到中文寫作，課程的執行度將會更加流暢，而實際上也能符應於傳統國文教學的教學目的。當然，正如憨山跨界解讀《道德經》的主動心態，通識教師在態度上的主動因應改變，以及涉入跨領域的積極企圖心與嘗試意願，必然會是決定這種跨界改造，成功與否的重要關鍵。

總之，將通識教育的設計經營理念，儘可能導入開放性的價值，藉由化異求同的跨領域視野，與其他專業課程之間，形成共存共榮的關係。這是從憨山「以禪解老」的詮釋模式中，最能啓迪目前大學通識教育的現代智慧。

（三）重視內在心性自明自覺的鍛鍊涵養，型塑通識全人教育的主體價值

由於台灣許多產業已逐漸走出金融海嘯低谷，以 2011 年的熱門職場趨勢來看，人力需求，將會明顯較金融海嘯發生之前，更加大幅成長。再加上目前的 ECFA 效應、陸客商機以及內需產業朝氣蓬勃的各種條件具足，職場人力需求，一定會持續攀升。〔註 56〕而仔細檢視目前國內大學或科大教育的職場人力訓練設計，幾乎皆屬「一門深入」式的專才教學；尤其近年來，又考量到職場已走向無縫銜接的就業趨勢，各校教學方向上，都多半偏向務實層面的就業人才培養、並且紛紛為學生設計了「最後一哩」的職前課程，希望自己本校畢業學生，進入職場有更好的競爭優勢。所以，相對地來看，這幾年國內大學熱門科系排行榜，最受學子青睞的，常常也就是現實職場競爭中，最具有就業優勢的科系。

雖然，表面上來看，整體就業大環境，相當需要職場新鮮人的挹注，學校系統也似乎都能面面俱到地支持學生之投入職場。但是，樂觀的現象背後，卻隱藏了一個非常嚴重、亟待吾人正視的危機。其中特別是職場新鮮人對於自我通識素養之不足，可謂令人憂心。

〔註56〕根據 104 人力銀行資料庫統計顯示，人力需求成長幅度最高的前十大產業，為食品飲料製造業（147%）、餐飲業（83%）、住宿服務業（79.9%）、金屬相關製造業（67.1%）、金融機構及其相關業（63.1%）、徵信及保全樓管相關業（58.7%）、倉儲或運輸輔助業（58.6%）、婚紗攝影及美髮美容業（54.8%）、零售業（52.8%）、光電及光學相關業（52.4%）。相關資料參考自 www.104.com.tw〈2011 年職場五大趨勢〉文。

　　2009 年 09 月 30 日蘋果日報記者陳嘉恩、邱俊吉報導，目前國內上班族因爲工作壓力大，職場憂鬱症也越來越多，醫界估算國內約有百萬人是中重度憂鬱症。最常出現的有精神疾病的躁症、憂鬱症等，也有恐慌症、強迫症、創傷後壓力症候群等精神官能症等大量案例。〔註57〕事實上，早年根據 9999 汎亞人力銀行的調查報告便已指出，〔註 58〕國際勞工組織（ILO）曾實地訪查發現，台灣職場就業人口裡面，職場的「憂鬱症」，將無可避免地成爲國內頭號的「職場殺手」。而且，台灣上班族的憂鬱程度，量化指數高達 70.77 分，憂鬱程度可謂十分嚴重，正威脅著上班族的職場生涯與生產力，即使患者復元後，再重返工作職場，抗壓性仍然是一大問題。〔註 59〕其中，人人稱羨的「半導體電子業」、「醫療生技業」、「金融服務業」，也就是在每年大學榜單中出類拔萃的這些熱門科系，畢業生進入職場之後，輒因其工作自主性低、常有無力感，以及高度競爭又缺乏抗壓性等因素，居然便列名爲職場上的高憂鬱一族。

　　此外，在實際人口結構上，因爲台灣迅速老齡化的社會趨勢，再加上「少子」的現象非常嚴重，很多大學生，都是父母心目中的心肝寶貝，普遍存在著公主病與王子病的隱憂。〔註 60〕尤其在成長的歷程中，拜現代電腦媒體資訊發達之助，各種形形色色的遊戲與角色扮演的虛擬價值，早已充貫於生活週遭、習以爲常。所以，大學畢業生進入職場之後，一旦發現職場的現實與自己期待有了落差，上焉者頻換工作、成爲高流動率的族群，〔註 61〕次焉者便是自怨自艾、淪身爲憂鬱症的高危險族群。

　　站在通識教育的立場思考，尤其仔細對應於這樣的職場訊息，筆者認爲，通識教學方向裡，應該更全面性發揮自我內省式的教學價值，才有可能在預防問題的角度上面，做出切題而積極的貢獻。畢竟，原本校園當中的通識教

〔註57〕見 2009-09-30/蘋果日報/16 版/醫療新知，由記者陳嘉恩、邱俊吉合撰。

〔註58〕見 2003-10-12/民生報/A2 版/新聞前線，由記者鍾蓮芳撰述。

〔註59〕現任耕莘醫院精神科主任楊聰財，即曾表示：「憂鬱症爲現代文明病，有些病患即使復元後，重返職場，抗壓性仍偏低。」相關説法，參考自 2010-04-14/自由時報/6 版/生活新聞，記者林相美撰述。

〔註60〕參考李建興〈消失中的台灣人〉一文，《今周刊》72 期，頁 87。

〔註61〕根據 104 人力銀行在 2010 年的統計，超過七成已找到工作的新鮮人，在 3 個月內就已動過離職念頭，甚至有 16.3%已經開始找下份工作。想放棄現有工作的主因在於薪資低於期望薪資（33.8%）、職務內容與原本自我想像有落差（30.5%）、與工作成長性和未來發展有限（28.3%）。顯見現實與期待的落差，的確是職場新鮮人高流動率之主因。相關資料參考自 www.104.com.tw〈2011年職場五大趨勢〉文。

育之人本理念，其重點所繫，主要應當也就是在於啓迪和引導學生的自我發展，尤其是在心靈精神層面以及完整的生涯規畫上，強化正面的自我價值。

關於這一點，主張「眞常之道，備在於我」的憨山，實乃從根本處，對我們啓迪了一種自我價值的堅強信念。如果我們能夠訓練學生，對於事物意義的認取，都能通過自我心靈的正向解讀，而形成內省式的意義判斷，那麼，正如憨山「人能返觀內照，知此眞常妙性」所強調的，自我肯定的力量與相對增長的意志成熟度，便足以幫助我們，度過一切的憂鬱陰霾。

而且，在「佛法豈絕無世諦，而世諦豈盡非佛法哉？由人不悟大道之妙，而自畫於內外之差耳」中，憨山所啓蒙的開放式見解，對於時風時雨的職場生態，以及永遠沒有一定價值標準的社會流行趨勢，也有如一股濁世清流的智慧。所謂「悟大道之妙」，其實就是一種藉由內省式的觀照，對於同樣的一件生活瑣事，產生全新而正面的自我價值，進而形成了一種宏觀開放的心胸格局。如果學校教育當中的通識理念，可以將憨山這種內省式的自我價值與無疆界的開放胸襟，融入通識課程的人文元素裡面，讓學生都能對於生活週遭的經驗事物，隨時觀照進而產生一種內省式的自我價值，並進而肯定自己、打開心靈的無限疆域；只要能有足夠的條件，養成這種思維習慣，那麼，即令外在環境條件紛紜變動，也不致攪擾心志、形成憂鬱。

其次，憨山「返觀內照，知此眞常妙性」一語，在《老子道德經憨山注》當中，乃是開示了禪宗行者很多自信與自我肯定想法的形成，其實眞理就藏身在平日清淡不過的生活中，雖然看似無物，一旦「返觀內照」啓動了它，內面生命當中的眞常妙運，就會瞬間湧現、不虞匱乏。所以，憨山進一步提出了「學佛而不通百氏。不但不知世法，而亦不知佛法」的看法，這種會通式的理念，主要便是奠基在這一個「返觀內照」的自我價值確立之上。此一教育態度的提示，在目前已呈價值多義混淆的校園裡面，對於重新提振通識教育工作者，相信自我價值的教育信念而言，尤其格外重要。特別是，我們如果能夠將它包裝整合在通識教育的全人思維裡面，讓學生自明自覺地感受到，眞正不會褪色的價值，其實仍是在於我們內面生命當中，追求成功、幸福與快樂的積極自信。〔註 62〕因爲有這種強烈自我價值的肯定，便不致走向

〔註 62〕馬來西亞教育家 Dr. Ananda Kumaraseri 在〈我們亟需全人教育〉文中，即十
　　　　分強調將佛法實踐於日常生活當中，奉行「落實佛教生活」（"Living by
　　　　Buddhism"）的信念。Dr. Ananda Kumaraseri 認爲：不管教育信念或認知是

道德淪落的惰性觀念之中。也因為伴隨著宏觀的會通胸襟，在未來面對任何職場困境之時，都能立時產生源流不息的潛在拉昇動力、從容以對。

結　論

　　中國明末，原本就是一個多元思想共存，且最為神魔共舞的時代。尤其禪門本身，在憨山當時，氾濫浮面的禪風、許多宗派間的撩是鬥非與積弊沈痾，根本已非憨山一人之力，可以扭轉。憨山顯然已經知覺到了一種相當強烈的末法意識，〔註63〕整個禪門的內部困境與自我設限，直如國王新衣一般，尤其在三教的激盪消長當中，如果仍然選擇繼續沉滯在因循苟且的惰化思維，禪門這個國王，將不僅身無寸縷，根本就要註定走投無路了。

　　為避免禪學提早出局，以及導正當時腐敗的禪風，憨山所採取的行動，無論是透過著述說法，或是實修實證，其實都是希望能夠復興禪門、逆轉劣勢，為慧能以降的禪宗，延續香火血脈。在〈註道德經序〉，他將實修實證的參禪功夫，所謂「不參禪、不能出世」，對比於孔老，就是代表對於禪門的自我價值，已經終極地界定出「百世不易」的最高定位。他說：

> 不知春秋。不能涉世。不知老莊、不能忘世。不參禪、不能出世。
> 及孔子人乘之聖，老子天乘之聖。佛能聖能凡、能人能天之聖。如
> 此之類、百世不易之論也。

他強調「人乘之聖」的儒家，可以有助於我們圓融地涉入世間法之中；「天乘之聖」的老學，則能讓我們在世間法當中，昇華出情意我的「忘世」之境界型態。但孔老的思想精髓，終究不能真正超越世間法，唯一可能「出世」的，僅有透過參禪的實證功夫。特別是一個深諳真常自性的「出世」禪行者，憨山認為，他在世間法當中所扮演的姿態，一定是非常活潑而開放自在的，「能聖能凡、能人能天」的指謂，其實所描繪的「佛」，代表人物，正是他理想當

　　什麼，教育的底線是：學習者未來的成功、幸福和快樂。他主張確保學習者的「成功、幸福和快樂」，是父母、老師和學校教育，必須肩負的神聖責任和使命。他的看法，相當言簡意賅地凸顯了通識教育「全人」的教育理念。參見〈我們亟需全人教育〉（"Imperativeness of Holistic Education"/Dr. Ananda Kumaraseri 撰，鄭振鍠譯），《中華寶筏》第44期，頁50～56。

〔註63〕「末法意識」係參考見曄法師《明末佛教發展之研究》的說法，其文曰：「憨山對於自己所處的時代，有強烈的末法意識。……隨著出家歲月，閱歷之增長，見識了僧人素質良莠不齊，法門宗風之不振，叢林的沒落種種現象。」引文出自見曄法師《明末佛教發展之研究》，頁197～198。

中的實修實證禪門行者。

憨山在重振禪門的努力上，理念上便是如此終極性地，始終抱住這一盞未滅的希望之火。他相信從他之後的禪學，一定可以發展出回歸於眞常自性的正確道路。事實上，要走上這種禪門自我提昇轉化的境地，一方面除了實際的投身「能聖能凡」的參禪修證之外；另一方面，「能人能天」的開放自己的視野，透過儒釋道三家義理的會通整合，重新貞定禪門的核心價值，也是憨山一直積極從事的志業。

尤其是從義理的會通整合來看，如本文所論證的，憨山採取的義理詮釋模式，不但已經發展出強烈的眞常自性特質，也用十分具體的參禪體驗，證明自己的判斷與見解。例如本文一再強調的，在《老子道德經憨山注》中，憨山亟求凸顯的眞常自性，本來就是我們安身立命的起點；憨山顯然也清楚地透視到，外面的世界越是複雜動亂，反而我們越應當有回歸到眞實不變的自性當中，尋求庇蔭的衷心渴望。

再其次，他希望從教外的道家老子哲學，開展更充沛的能量，由本文上述的探討可知，將《老子道德經憨山注》歸根究柢地「大而觀之」，就是直接從禪門的眞常思考模式切入，融入世間法的老學裡面，進而轉化出禪宗在《道德經》當中，可以巧扮的創造性義理姿態。就像熊彼得的「創新理論」所標榜的打破傳統模式，由人的內在，產生自發性地創造性變動一樣；〔註64〕憨山這樣解讀教外思想的做法，其實也是禪者面對動亂環境，所延伸出來的一種創新智慧。而且，憨山在老學之創新，對後起者，也有相當正向的示範作用；例如憨山之後的藕益智旭，在他的《周易禪解》序言中，便說道：

> 吾所由解易者，無他，以禪入儒，務誘儒以知禪耳。〔註65〕

智旭所謂的「以禪入儒」，其實是私淑仿效於憨山之解老，而「誘儒以知禪」，則正好是爲憨山跨領域之禪學思維，尤其是憨山希望藉此彰顯出來的世間法特質，賦予了一種嶄新的入世於人間的大乘情懷。〔註66〕

〔註64〕美國「創新理論」提出者熊彼得（Joseph A.S Chumpeter），在名著《經濟發展理論》第二章中，主張「經濟發展」，乃是指一個社會的經濟活動中的內部變革，它要求打破傳統模式，重建一種新的更高級的平衡。換言之，「經濟發展」的動態基礎，是來自內部自身創造性的一種變動。所謂「創新」，就是企業家對環境做出的創造性反應，而非因循過去傳統規則的適應性反應。相關見解，參考自熊彼得《經濟發展理論》，頁 145～199。

〔註65〕見智旭《周易禪解》〈周易禪解序〉，頁 4。

〔註66〕此處所謂「大乘情懷」者，係參考見曄法師的說法。見曄法師認爲，憨山一

　　總之，憨山的「以禪解老」，對大方向上，是永遠有主見、且目標明確的，他幾乎都不離題地，聚焦在傳統禪宗行者非常熟悉的眞常自性當中。這一詮釋老學的基本心態，一方面是爲開拓晚明禪者的跨領域天地，走出一條用具體行動證明禪宗自我價值的務實道路。另一方面，同時也爲佛教長期以來，與教外思想走向融洽和睦的磨合過程，再下一城。當然，最爲重要的是：他讓晚明的禪宗，從一蹶不振的谷底，再次領略「新禪宗」的重生喜悅；而這種禪門智慧，延伸在目前校園通識教育當中，我們認爲，同樣亦有珍貴的正面啓示與價值。

本文參考文獻

（一）專書類

1. 老子，《道德經》，高雄復文書局，1976 年 2 月。
2. 王有三，《老子考》，台北東昇書局，1981 年 7 月。
3. 僧祐，《弘明集》，台北世界書局，1982 年 11 月。
4. 牟宗三，《中國哲學十九講》，台北學生書局，1983 年 2 月。
5. 唐君毅，《中國哲學原論》「原道篇」二，台北學生書局，1984 年 12 月。
6. 勞思光，《中國哲學史》第一卷，香港友聯出版社，1985 年 8 月。
7. 憨山，《老子道德經憨山注》（金陵刻經處版本，與《莊子內篇憨山注》合刊），台北新文豐出版社，1985 年 6 月。
8. 憨山，《憨山大師全集》，嘉興大藏經第廿二冊，台北新文豐出版社，1987 年 9 月。
9. 憨山，《憨山老人年譜自敘實錄》，嘉興大藏經第廿二冊，台北新文豐出版社，1987 年 9 月。
10. 河上公，《道德眞經注——河上公章句》，見錄於《正統道藏經》第廿冊，台北新文豐出版社，1988 年 7 月。
11. 朱元璋，《御注道德眞經》，見錄於《正統道藏經》第十九冊，台北新文豐出版社，1988 年 7 月。
12. 王弼，《道德眞經注》，見錄於《正統道藏經》第廿冊，台北新文豐出版社，1988 年 7 月。
13. 王眞，《道德眞經論兵要義述》，見錄於《正統道藏經》第廿二冊，台北

生的行事風格，具有「人間社會性菩薩性格」與「入世人間的菩薩思想」，就晚明的中國佛教而言，憨山頗有再度喚醒大乘佛教淑世精神的重要意義。相關見解，參見《明末佛教發展之研究》，頁 215～216。

新文豐出版社，1988 年 7 月。

14. 陸希聲，《道德眞經傳》，見錄於《正統道藏經》第廿冊，台北新文豐出版社，1988 年 7 月。

15. 張嗣成，《道德眞經章句訓頌》，見錄於《正統道藏經》第廿一冊，台北新文豐出版社，1988 年 7 月。

16. 印順法師，《如來藏之研究》，台北正聞出版社，1988 年 11 月。

17. 葛兆光，《道教與中國文化》，台北國文天地出版社，1990 年 5 月。

18. 江燦騰，《晚明佛教叢林改革與佛學諍辯之研究——以憨山德清的改革生涯爲中心》，台北新文豐出版社，1990 年 12 月。

19. 北京國務院，《中國大百科全書》「宗教」類，香港錦繡出版社，1994 年 3 月。

20. 智旭，《周易禪解》，台北自由出版社，1996 年 1 月。

21. 史托茲〈Paul G. Stoltz〉，莊安琪 譯 《AQ——逆境智商》（"Adversity Quotient"/ Paul G. Stoltz），時報文化出版社，1997 年 10 月。

22. 馬鳴《大乘起信論》，台北大乘印經會，1998 年 9 月。

23. 熊彼得（Joseph A.S Chumpeter），《經濟發展理論》，台北左岸文化出版社 2005 年 9 月。

24. 見曄法師，《明末佛教發展之研究》，法鼓山文化事業出版社 2007 年 12 月。

25 聖嚴法師，《明末中國佛教之研究》，台北法鼓山文化事業出版社 2009 年 7 月。

（二）期刊書報類

1. 楊惠南，〈禪史與禪思〉，《鵝湖》第 126 號，1995 年 12 月。

2. 陳俊民，〈宋明「三教合一」思潮中的「心性旨趣」論稿〉，《鵝湖》第 172 號，1989 年 10 月。

3. 林相美，〈憂鬱症病患重返職場〉，自由時報/6 版/生活新聞，2010 年 4 月 14 日。

4. 蔡瀚毅，〈台灣文創產業何去何從〉，《讀者文摘》92 卷 3 期，2010 年 11 月。

5. 陳嘉恩、邱俊吉，〈國內上班族職場憂鬱症〉，蘋果日報/16 版/醫療新知，2009 年 9 月 30 日。

6. 鍾蓮芳，〈國內頭號的「職場殺手」〉，民生報/A2 版/新聞前線，2003～10～12。

7. 李建興，〈消失中的台灣人〉，《今周刊》第 72 期，2010 年 3 月。

8. Dr. Ananda Kumaraseri，鄭振鍠譯，〈我們亟需全人教育〉（"Imperativeness of Holistic Education）,《中華寶筏》第 44 期，台北中華佛教居士會 2010 年 7 月。

9. 104 人力銀行資料庫，〈2011 年職場五大趨勢〉，www.104.com.tw，2011 年 2 月。